음악으로 세상을 바꾸는
CEO 금난새

음악으로 세상을 바꾸는

CEO
금난새

금 난 새   지 음

한국경제신문

프롤로그

세상을 변화시키는 힘

서울 한복판인 정동에 있는 덕수궁은 외국인들은 물론 우리 젊은이들도 즐겨 찾는 명소입니다. 원래 이름은 경운궁이었지만 1907년 고종이 순종에게 왕위를 물려준 뒤 이곳에 계속 머물게 되자 고종의 장수를 빈다는 뜻에서 덕수궁으로 바꿔 부르게 되었다고 합니다. 일제강점기를 거치는 동안 본래 모습을 알아볼 수 없을 만큼 심하게 훼손되었음에도 불구하고 현재 궁궐 안에는 정전이었던 중화전, 편전이었던 함녕전과 덕홍전, 침전이었던 즉조당과 석어당, 그리고 구한말에 지어진 서양식 건물인 석조전과 정관헌 등이 보존되어 있습니다.

제가 올해 그 어떤 연주회장보다 덕수궁을 많이 찾게 된 것은 상반기 내내 한 달에 한 번씩 석조전에서 음악회를 갖게 되었기 때문입니다. 고종은 기울어져 가는 나라의 운명을 다시 일으켜 세우고자 1897년 국호를 대한제국으로 바꾸고 황제에 즉위했습니다. 그러니까 2017년은 대한제국이 선포된 지 꼭 120년이 되는 해입니다. 문화재청에서는 이를 기념하기 위해 석조전 음악회를 기획하게 되었고, 저에게 진행을 부탁했습니다. 저는 그런 역사적 의미가 담긴 음악회라면 당연히 참여해야 한다는 생각에서 이를 흔쾌히 수락했습니다.

"여러분, 어때요? 정말 아름답죠? 이곳 석조전 중앙 홀은 고종황제께서 접견실로 사용했던 공간이라고 해요. 위층은 개인 공간으로 침실과 서재가 있었고요. 1910년에 완공된 건물인데, 바로 여기서 고종황제를 위해 서양 음악이 연주되었답니다. 오늘 우리는 황제가 계시던 곳에서 황제를 위해 연주되던 음악을 감상하게 되는 겁니다. 너무 멋지지 않나요?"

1월 마지막 수요일 저녁때 있었던 첫 번째 음악회에서는 새해를 맞아 경쾌한 리듬으로 생동감을 전해주는 하이든의 '피아노 소나타 46번'과 각양각색의 분수에서 물이 뿜어져 나오는 것 같은 신선함이 돋보이는 리스트의 '빌라 데스테의 분수' 그리고 꿈속에서도 사랑하는 사람을 그리워하는 애틋한 마음이 피아노와 첼로의 아름다운 선율에 얹어진 가브리엘 포레의 '꿈을 꾼 후에'를 비롯해 헨델과 바흐와 브람스의 명곡들이 차례로 연주되었습니다.

두 번째 음악회가 있던 2월 22일은 구슬프게 눈비가 내렸습니다. 계절은 바뀌고 있었지만 가는 겨울이 심술을 부리는지 오는 봄이 시샘을 하는지 눈과 비가 섞인 채 종일 대지를 적셨습니다.

얼마 있다가 세 번째 음악회가 시작되었습니다. 완연한 봄날이었습니다. 개나리꽃은 물론 진달래꽃도 피었더군요. 이날 프로그램은 피아노 듀오로만 구성했습니다. 작곡가이자 피아니스트인 최영민이 파가니니의 주제에 의한 변주곡을 자신만의 스타일로 연주했습니다. 청량감과 애절함과 환희가 교차하는 멋진 연주였습니다. 모차르트와 생상과 브람스도 연주되었습니다. 피아니스트 김기경과의 조화와 균형이 돋보인 무대였습니다. 저는 연주회에서 가끔 엉뚱한 주문을 합니다. 이날도 연주자들에게 예정에 없는 즉흥 연주를 부탁했답니다.

"두 분이 즉석에서 우리 가락 '아리랑'을 한 번 연주해 주실 수 있을까요? 대한제국 선포 120주년을 기념하는 의미에서, 100여 년 전 이 덕수궁과 석조전의 주인이었던 고종황제를 위해서…… 그리고 이 자리에 모인 여러분들과 우리나라를 위해서 멋진 연주 부탁합니다."

두 피아니스트는 당황한 듯했습니다. 하지만 이내 평정심을 되찾더군요. 젊은 남자 피아니스트들이 주거니 받거니 귀에 익은 '아리랑' 선율을 즉흥적으로 편곡해서 멋지게 연주해 주었습니다. 청중들의 반응은 대단했습니다. 열렬한 박수가 끊이지 않았습니다. 봄기운 가득한 아름다운 밤이었습니다. 그날따라 석조전 지붕 위에

뜬 달이 더 둥글게 보였습니다.

5월 31일 저녁에 진행된 다섯 번째 음악회는 활기가 넘치는 연주회였습니다. 날씨도 한여름을 향해 치닫고 있었지요. 제가 지휘를 맡고 있는 한경 필하모닉 오케스트라 단원으로 구성된 목관 5중주 팀이 출연했습니다. 바순, 플루트, 호른, 클라리넷, 오보에가 연출한 해맑은 앙상블은 환상적이었습니다. 아가이의 '5개의 쉬운 댄스', 이베르의 '관악 5중주를 위한 3개의 소품', 하이든의 '관악 5중주를 위한 디베티멘토 1번 Bb장조' 등 흥겹고 경쾌한 음악으로 분위기를 한껏 고조시킨 음악회였습니다. 지난겨울과 봄에 있었던 음악회 때와는 달리 청중들의 표정도 한결 여유롭고 넉넉해 보였습니다.

이윽고 6월 28일 수요일 저녁, 마지막 음악회가 열렸습니다. 저는 여느 때와 달리 좀 일찍 가서 석조전 앞 돌계단 주변을 서성이며 청중들을 직접 만나 이야기도 나누고 함께 사진도 찍었습니다. 석조전 중앙 홀이 그리 넓지 않아 매번 인터넷 추첨을 통해 100여 명의 청중들만 겨우 입장시켰음에도 불구하고 얼마나 운이 좋은지 여러 번 본 것 같은 얼굴도 있었습니다. 이날은 젊은이들을 위해 특별히 재즈 음악을 소개하는 시간으로 할애했습니다.

저는 정이 듬뿍 든 석조전 음악회를 마치며 청중들에게 이렇게 당부했습니다.

"음악이 있는 삶은 언제나 아름답습니다. 자신의 처지나 상황이 어떻든지, 또 무슨 음악을 듣든지 음악과 함께하는 삶에 절망이란 없습니다. 음악은 우리를 다시 일어서게 하며 희망이 샘솟게 만듭니다. 늘 음악과 동행하는 여러분 모두에게 행운이 가득하시길 빕니다."

제가 올 상반기 동안 매달 덕수궁 석조전에서 음악회를 갖게 된 것은 큰 행운이었습니다. 그 어느 때보다 역사라든가 제 지나온 삶에 대해 많은 생각을 하게 되었으니까요. 가장 많이 떠오른 장면은 독일 유학 중이던 지난 1977년 카라얀 콩쿠르에 입상하면서 정식 지휘자로 데뷔했을 때의 일입니다. 그전까지 저는 이런저런 무대에서 지휘봉을 잡았지만 솔직히 말하면 돌팔이 지휘자에 지나지 않았습니다. 공식적으로 인정된 허가나 면허도 없이 순전히 자기만의 경험과 생각만을 가지고 뭔가를 시도한다면 그건 돌팔이에 지나지 않습니다.

그런데 그날 저는 비로소 어떤 오케스트라라도 당당하게 지휘할 수 있는 정식 면허증을 갖게 된 것입니다. 이후 아무도 제 지휘를 보고 돌팔이라고 손가락질하지 않았습니다. 벌써 40년 전입니다. 어떻게 이리도 시간이 빨리 흘러갔는지 돌이켜보면 까마득합니다. 오직 음악을 사랑하고, 청중을 사랑하는 마음 하나로 달려온 외길 인생이었습니다. 그 시간 속에 흘린 땀과 열정들이 하나씩 모여 이름도 없던 한 돌팔이 지휘자가 국민들로부터 가장 사랑을 많이 받는 지휘자이자 클래식 전도사가 되었습니다. 되돌아보니 땀과 열정은 결코 나를 배반하지 않는다는 걸 깨달았습니다. 제 자신이 바로 생생한 증거입니다. 제가 뚜벅뚜벅 걸어온 이 길이 누군가에게 또 다른 이정표가 된다면 더 이상 바랄 게 없을 겁니다.

어느 날 저는 음악회를 마치고 덕수궁을 나오면서 제 자신에게 이런 질문을 던졌습니다.

"훗날 역사 속에서 나는 과연 어떤 사람으로 기억될까?"

"내가 세상을 떠난 뒤 사람들은 나를 어떤 사람이었다고 말해 줄까?"

사람들은 저를 보고 클래식 음악계의 스티브 잡스니 공연 예술계의 돈키호테니 한국 클래식 음악 대중화의 선구자니 하면서 각종 수식어를 붙여 주었지만 저는 그 무엇보다 제 자신이 음악으로 세상을 변화시킨 사람 혹은 음악으로 세상을 아름답게 바꾸려고 노력한 사람으로 기억되었으면 합니다. 이것은 아주 오래전부터 품어온 제 소망입니다. 저는 청년 시절부터 음악에는 세상을 바꾸는 힘이 있다고 믿었으며, 음악을 통해 세상을 얼마든지 더 자유롭고 평등하며 평화롭고 행복한 세상으로 바꿀 수 있다고 생각해 왔습니다. 이것이 음악가로서 저에게 주어진 소명이며, 조국 대한민국을 위해 봉사하는 길이라고 여겨 왔습니다.

저는 지휘자면서도 수십 년 동안 스스로를 CEO라 부르며 대한민국 최초로 벤처 오케스트라를 창업해 청중들이 원하는 곳이라면 어느 곳이든 마다않고 달려가 음악을 선사해 왔습니다. 하루도 빠짐없는 강행군이었지만 전혀 지치지 않았습니다. 저는 일을 하면 할수록 더 많은 에너지가 샘솟는 사람입니다. 언제나 사람들에게 주목하면서 아름다운 화음을 추구하기 때문입니다. 이 책은 음악으로 세상을 변화시키기 위해 지금까지 달려오며 겪었던 이야기들을 정리한 것입니다. 제가 항상 무대에서 청중들과 더 가깝게 교감하려고 노력하는 것처럼 책 속에서도 독자들과 마주 앉아 편안하게 차를 마시며 대화를 나누듯 이야기를 풀어 나갔습니다.

저는 보다 많은 사람들과 이 행복을 나누고 싶습니다. 그래서 우리의 가정과 이웃과 학교와 기업과 사회와 국가 나아가 온 인류가 최고의 오케스트라처럼 변화되어 아름다운 화음으로 가득 넘쳐나길 바랍니다. 이것이 이 책에서 제가 이야기하는 음악이 가진 힘입니다.

2017년 가을의 문턱에서
금난새

음 악 으 로 세 상 을 바 꾸 는
CEO 금난새
—
차 례

신나게 즐기십시오

음악을 서비스하다

"우리는 모두 서로 돕기를 원합니다. 인간이란 그런 존재입니다. 우리는 서로의 불행이 아니라 서로의 행복에 의해 살아가기를 희망합니다."

영국의 전설적인 희극배우이자 영화감독 겸 제작자였던 찰리 채플린이 남긴 말입니다. 모든 인간은 행복을 소망합니다. 누구나 행복을 꿈꾸며 살아가지요. 불행해지기 위해 사는 사람은 아무도 없습니다.

하지만 그 행복이란 나 혼자만 행복해지는 것을 의미하지 않습니다. 서로 돕고 상대방의 행복을 위해 구체적으로 노력할 때 나도 행복해지고 이웃도 행복해지며 나아가 사회 전체가 행복해지는 것입니다. 이웃과 사회는 불행한데 나 혼자만 행복해진다는 건 불가능한 이야기입니다.

저는 일관되게 음악이란 나와 이웃에게 행복을 전달하는 것이라고 생각해왔습니다. 독일 베를린 음악대학에서 공부하며 1977년 카라얀 콩쿠르에서 입상해 화려한 스포트라이트를 받게 됐을 때만해도 저는 클래식 음악의 불모지인 한국보다는 본토인 유럽을 무대로 활동하며 카라얀이나 번스타인 같은 세계적인 지휘자가 될 것을 꿈꿨었습니다. 그때 제 음악 인생에 대전환이 될 만한 충고를 해준 사람이 바로 베를린 필하모닉 오케스트라의 총감독이자 카라얀 콩쿠르 심사 위원장이었던 슈트레제만 박사였습니다. 그는 어느 날 제게 이런 조언을 해줬습니다.

"나는 카라얀과 함께 매년 일본으로 연주를 다녀옵니다. 그런데 갈 때마다 엄청난 속도로 발전하고 있는 일본을 보고 깜짝깜짝 놀랍니다. 한국은 일본과 마주한 이웃이지요? 내 생각에는 한국도 머지않아 일본 못지않게 강하고 큰 나라로 발전하게 될 겁니다. 유럽에서 활동하고 싶다고요? 나는 당신 같은 유능한 인재가 유럽에서 각축하는 것보다는 자신의 조국으로 돌아가 함께 발전을 이뤄나가는 것이 훨씬 더 멋진 일이 되지 않을까 생각합니다."

저는 비로소 내가 어떤 음악을 지향할지, 어떤 음악가가 돼야 할지를 진지하게 고민하기 시작했습니다. 그러자 클래식 음악의 불모지인 한국으로 돌아가 광활한 시장을 새롭게 개척해보고 싶다는 도전 의식과 창조적 상상력이 마구 샘솟았습니다. 내 조국도 독일처럼 곳곳에 음악이 넘쳐 나고 국민들이 음악을 들으면서 즐거워하며 행복을 누릴 수 있다면 얼마나 좋을까 상상하게 됐습니다. 그것은 제가 꿈꾸던 아름다운 미래였습니다. 이는 돈과 명예보다도 훨씬 중요한 철학과 가치에 관한 문제였습니다. 이후 저는 미련 없이 한국행 비행기에 몸을 실었습니다.

좋은 음악은 맑은 공기와 같습니다. 사람이 공기 없이 한시도 살 수 없듯, 우리 삶에 아름다운 음악이 없다면 산다는 게 얼마나 건조하고 척박하겠습니까? 현대인의 삶이 빌딩으로 둘러싸인 도심과 같다면 음악은 아름드리나무로 가득 찬 숲과 같습니다. 클래식 음악은 숲의 맑은 공기처럼 치열한 경쟁과 분주한 일상에 지친 사람들에게 평안과 안식과 위로를 주는 청량제인 것입니다. 제가 클래식 음악 전도사를 자처하며 보다 많은 사람들에게 다가가 클래식 음악을 들려주고자 했던 것도 이 때문이랍니다. 어디서든 좋은 음악이 흘러나오고 항상 아름다운 음악과 함께 생활하게 된다면 한국인들의 행복 지수도 유럽 이상으로 올라갈 수 있을 겁니다.

사람들은 쉬운 것을 우습고 가볍게 보는 경향이 있습니다. 그런 선입관은 좋지 않습니다. 유치원 아이에게는 유치원 아이에게 맞는 음악과 해설을, 성인 고급 관객에게는 그에 맞는 고급스러운 음악과 해설을 선물해야 합니다. 조지 W. 부시 미국 대통령의 부친인 조지 부시 전 대통령이 2005년 한국을 방문했을 때 그 앞에서 연주회를 할 기회가 있었습니다. 비발디의 〈사계〉를 연주했는데, 연주에 앞서 제가 이런 질문을 했답니다.

"저는 청소년을 위한 해설이 있는 음악회를 자주 합니다. 대통령께서도 제 해설을 들어보시겠습니까?"

이때 부시 대통령이 수준에 안 맞는다고 화를 냈을까요? 전혀 아닙니다. 오히려 감동을 받고 저와 함께 찍은 사진을 나중에 사인까지 해서 보내줄 정도로 흡족해했습니다. 음악은 서비스입니다. 저는 청중들에게 음악을 서비스하는 사람이고요. 청중이 원하는 것에 맞춰 음악을 서비스하는 일을 단 한 번도 가벼운 일이라고 생각해본 적이 없습니다.

웃음이 넘치는 사회로

지휘자로 바쁘게 활동하다 보니 저는 여행을 다닐 기회가 많은 편입니다. 쉴 새 없이 자리를 옮겨가며 빠듯한 일정을 소화하는 일이 피곤하긴 하지만 낯선 곳에서 새로운 청중들과 만나는 즐거움을 누리거나 여행 과정에서 뜻하지 않은 체험을 하는 경우도 있습니다.

10여 년 전 비행기 안에서 있었던 일입니다. 부산에서의 공연을 마치고 서울로 올라오기 위해 비행기를 탔을 때였습니다. 늘 시간에 쫓겨 사는 저는 대개 탑승 시간이 다 돼서야 부랴부랴 공항으로 나가는 경우가 많은데, 그날은 여느 때와 달리 여유롭게 공항에 도착해 가장 먼저 비행기에 탑승했습니다. 저는 마침 출입구에서 가장 가까운 맨 앞좌석에 앉게 됐습니다. 제가 자리에 앉고서 다른 탑승객들도 줄지어 기내로 들어오기 시작했지요. 승무원들은 출입구

앞에 서서 두 손을 모은 채 탑승객들에게 화사한 미소와 함께 다정한 인사를 건넸습니다.

"안녕하세요? 반갑습니다!"

승무원들의 밝은 표정을 보는 건 언제나 기분 좋은 일입니다. 그런데 얼마 지나지 않아 저는 고개를 갸우뚱거리게 됐습니다. 계속해서 탑승객들이 기내로 들어오고 있었지만 그 누구도 승무원들의 상냥한 인사에 화답을 하지 않은 채 무뚝뚝한 얼굴로 제 자리를 찾아 앉기에 급급한 걸 발견한 겁니다. 저는 그때부터 기내로 들어오는 모든 탑승객들을 유심히 관찰했습니다. 설마 이 많은 사람들 가운데 승무원들에게 친절하게 답례를 보내는 사람이 한 사람도 없을 리가 있겠나 하는 마음이었어요. 마침내 마지막 탑승객이 기내로 들어왔고 비행기 출입문은 굳게 닫히고 말았습니다. 그와 동시에 제 마음에도 커다란 돌덩이 같은 게 내려앉았습니다.

'아니, 어떻게 단 한 사람도 저토록 해맑게 인사를 건네는 승무원들에게 답례를 하지 않는단 말인가? 이게 동방예의지국이자 정을 먹고 산다는 우리 동포들의 민낯이란 말인가?'

그날 제가 탄 비행기의 탑승객은 무려 300여 명에 달했습니다. 그중 승무원들과 눈을 맞추며 인사를 주고받은 사람은 맨 먼저 기내로 들어온 저 한 사람뿐이었고요. 참으로 충격적인 일이었습니다. 물론 승무원들은 회사에서 승객들에게 친절하게 인사할 것을 교육받고 실습을 통해 동작과 표정을 몸에 익혔을 겁니다. 또한 자기 회사 비행기를 이용하는 승객들에게 최선을 다해 서비스하는 것은 직업인으로서 당연한 의무라 할 수 있습니다. 하지만 그렇다고 해서 300여 명에 달하는 승객들이 약속이나 한 것처럼 먼저 웃으며 인사하는 승무원들을 마네킹 대하듯 무심히 지나쳐버린 일이 정당화될 수 있을까요? 저는 그날 일이 조금 혼란스러웠습니다.

한국인들은 웃음에 너무 인색합니다. 자주 웃으면 천박하다고까지 여기는 풍토가 있지요. 유교적 전통 아래서 근엄하게 점잔을 빼는 태도를 미덕으로 여겨온 까닭입니다.

잘 웃지 않는 문화는 음악회에서도 그대로 드러납니다. 어떤 연주회장에 가면 숨이 막힐 지경입니다. 검은색 정장을 갖춰 입고 근엄한 표정으로 자리한 연주자들, 깔끔한 연미복 차림에 지휘봉을 휘두르는 일 말고는 어떠한 말이나 동작도 삼간 채 의식을 치르듯 한 곡 한 곡 연주를 이어가는 지휘자, 침 삼키는 소리까지 들릴 정도로 깊고 깊은 고요와 침묵에 휩싸인 객석, 행여나 좌석 밑으로 뭔가를 떨어뜨려 소리를 내거나 아직 끝나지도 않은 곡 중간에 잘못 알고 홀로 박수를 치기라도 하면 순식간에 전후좌우에서 날아드는 따가운 눈총과 비난의 시선들……. 이런 분위기 속에서 듣는 음악은 기쁨과 즐거움보다는 고역스러움과 따분함을 주지는 않을까요?

마음에 드는 음악이 나오면 박수를 치면서 환호를 보냅니다. 어떤 사람은 발로 바닥을 구르기도 합니다. 공연장 1층에 모인 청중들은 좌석도 없이 마룻바닥에 서서 음악을 감상합니다. 영국을 상징하는 모자를 쓰거나 영국 국기를 흔들어대기도 하고요. 풍선을 천장으로 띄워 보내는 사람도 있어요. 심지어 무대를 향해 종이비행기를 날려 보내거나 작은 축포를 쏘아대는 사람도 보입니다. 모두들 얼굴에 웃음을 머금은 채 와자지껄 한바탕 축제를 즐기는 중입니다.

이것은 어떤 음악회일까요? 1895년 런던 퀸스 홀에서 시작돼 지금까지 영국인들은 물론 세계 음악 팬들에게 사랑을 받고 있는 클래식 음악 축제 'BBC 프롬스BBC Proms'의 모습입니다.

숲으로 둘러싸인 아름다운 대자연 속에서 연인들끼리 감미로운 와인 한 잔을 나눠 마십니다. 바구니에 담아 온 과일과 샌드위치 등을 잔뜩 펼쳐놓고 온 가족이 함께 피크닉을 즐기지요. 이윽고 바람을 타고 슈베르트의 '교향곡'과 그리그의 〈피아노 협주곡〉이 울려 퍼집니다. 청중들은 남녀노소 구별 없이 멜로디를 따라 흥얼거리거나 양손을 흔들며 열광합니다.

이것은 또 어떤 음악회일까요? 독일 베를린 외곽 샤를로텐부르크에 있는 '숲속의 무대'라는 뜻의 야외 원형극장 발트뷔네에서 해마다 6월 마지막 일요일에 열리는 클래식 콘서트 광경입니다. 종신 상임 지휘자로 34년 동안이나 베를린 필을 이끈 카라얀이 활동하던 1984년에 시작된 이 음악회는 빼어난 자연 경관 속에서 음악을 즐길 수 있는 콘서트로 전 세계 클래식 애호가들로부터 많은 인기를 누리고 있습니다.

이 밖에도 클래식 음악의 본고장인 서양 여러 나라의 연주회장과 콘서트 현장을 가보면 연주자와 지휘자와 청중이 모두 한마음이 돼 흥겹게 음악을 즐기는 모습을 보게 됩니다. 우리처럼 무표정하고 근엄하지가 않습니다. 당연한 일이지요. 음악은 인간에게 기쁨과 감동과 위안을 주는 존재랍니다. 따라서 연주하는 사람이나 지휘하는 사람이나 듣는 사람이나 모두가 다 즐거워야 합니다. 그것이 음악입니다. 제가 연주회 때마다 청중들에게 유머를 섞어가며 재미있는 해설을 곁들이는 것도, 일부러 박수나 웃음을 유도해 분위기를 고조시키는 것도, 독특한 볼거리나 퍼포먼스를 중간에 끼워넣는 것도 모두가 음악회를 즐겁게 만들기 위해서입니다.

"자, 오늘도 즐거운 공연이 예정돼 있죠? 다 같이 웃으면서 연습을 시작해볼까요?"

저는 리허설 때나 공연 때나 대화할 때나 회의할 때나 가급적 많이 웃으려고 노력합니다. 제가 먼저 웃고 부드러운 분위기를 만들어야 좋은 음악이 나오고 이를 듣는 청중들도 기쁨과 감동을 느끼기 때문입니다. 제가 즐겁게 연주하고 기쁘게 지휘하지 않는데 청중들이 어떻게 기쁘고 즐거울 수 있겠습니까? 이제 우리도 웃음에 좀 더 관대해져야 합니다. 웃음이 넘쳐 나는 사회를 만들어야 합니다. 남들에게 웃을 일을 많이 만들어주는 사람이야말로 세상에 꼭 필요한 사람입니다. 주변에 많은 웃음을 선사하며 즐겁게 사는 사람이 일도 잘하는 법입니다.

예고나 음대를 나오지
않아도

저는 어린이들과 청소년들과 젊은이들을 사랑합니다. 이들에게 관심이 많습니다. 그래서 가급적 이들을 위한 음악회를 많이 마련하려고 애를 씁니다. 이들이 대한민국의 미래일뿐더러 한국 클래식 음악의 주인공들인 까닭이지요. 제가 시간을 쪼개 틈틈이 서울예고 교장 일까지 맡아보고 있는 것도 다 이런 이유에서입니다.

그런데 어릴 때부터 예술가를 꿈꾸며 음악에 입문한 학생들을 보면서 한 가지 안타까운 것이 있습니다. 정말 음악이 좋아서, 음악이 없으면 못 살 것 같아서, 음악의 즐거움에 완전히 푹 빠져서 음악을 하는 학생들보다 부모님이 시켜서, 좋은 대학을 가기 위해서, 국제 콩쿠르에 나가 입상할 목적으로 음악에 매달리는 학생들이 의외로 많다는 사실입니다. 예술 교육 현장에 있는 사람으로서 참으로 애석한 일이 아닐 수 없습니다.

　서울예고로 출근하는 날이면 저는 밀린 학교 일을 보느라 정신이 없습니다. 교감 선생님과 그동안 있었던 일을 이야기하고 앞으로 해야 할 일을 의논해야 하며, 결재 서류를 검토해 서명해야 하고, 여러 선생님들과 함께 이런저런 회의도 해야 합니다. 하지만 아무리 바빠도 음악을 전공하는 학생들의 공연 연습이나 수업 지도는 거르지 않습니다. 뛰어난 실력을 가진 선생님들이 많이 계시지만 저는 제 나름대로 선배로서, 지휘자로서 꼭 조언해줘야 할 부분이 있기 때문입니다. 그리고 틈틈이 시간을 내서 복도를 지나가는 학생들을 교장실로 데리고 들어갑니다. 서울예고 교장실에는 나무로 만든 예쁜 피아노 한 대가 놓여 있습니다. 제가 서울예고 교장을 맡게 됐다는 소식을 듣고 삼익악기 김종섭 회장이 선물로 보내준 그랜드 피아노입니다.

　"피아노 앞에 있는 악보 보이죠? 어떤 곡인지 알아요? 한번 연주해볼까요?"

　바이올린이나 첼로 같은 다른 악기를 전공하는 학생들에게는 자신의 악기를 가지고 연주해보도록 합니다. 학생들을 시험하기 위해서가 아니에요. 얼마나 즐겁게 자신감을 가지고 연주하는지 알아보려는 것이지요. 처음 보는 악보라도, 또는 연주에 자신이 없더라도 음악을 즐기는 학생이라면 틀려도 끝까지 연주를 합니다. 아니면 지금은 좀 서툴지만 다음에 교장 선생님 오실 때까지 열심히 연습해서 다시 연주하겠노라는 약속을 하곤 합니다. 이런 학생들을 보면 너무나 즐겁고 흐뭇합니다.

그러나 말도 못 하고 고개를 숙이거나 어렵다면서 손사래를 치든가 한 번도 연주해보지 않은 곡이라며 자신 없다고 하면 본의 아니게 실망스러운 느낌이 든답니다.

저는 자신감을 가지고 즐겁게 연주하는 학생들에게 그에 합당한 기회를 줍니다. 제가 연주하는 수많은 음악회에 학생들을 세워 연주하게 하는 것입니다. 학교 강당도 좋고 세종문화회관도 좋고 예술의전당도 좋습니다. 뉴욕이나 파리, 베를린 등 외국에서 진행되는 국제 무대에도 서울예고 학생들을 데리고 가서 연주 경험을 쌓게 합니다. 기회는 주어질 때 잡는 것입니다.

몇 년 전 연말 상명대학교에서 종로구 주최로 구민을 위한 송년음악회를 가진 적이 있습니다. 저는 학교에서 있었던 연주회 때 아주 끼가 많은 한 남학생의 타악기 연주를 흥미롭게 들었던 기억이 나서 그 학생을 무대 위에 세웠습니다. 저명인사들과 어른들이 꽉 들어찬 무대라 처음에는 다소 긴장한 듯하더니 시간이 지나면서 본래 끼가 되살아나 신명 나게 연주를 했습니다. 청중들의 반응은 몹시 뜨거웠지요. 연주가 끝난 뒤 그 남학생은 환하게 웃으며 제게 말했습니다.

"교장 선생님, 너무 재미있었어요!"

한번은 다른 예고에 다니는 여학생의 오디션을 본 일이 있었습니다.

"라흐마니노프의 〈두 대의 피아노를 위한 조곡〉을 한번 연주해 볼래요?"

그러자 그 학생은 두 눈을 반짝이며 대답했답니다.

"오, 좋아요. 재미있을 것 같아요!"

저는 그 여학생이 음악을 너무나 좋아하고 즐기며 뭐든지 적극적으로 배울 자세가 돼 있다는 걸 알 수 있었습니다. 그래서 그 여학생을 여러 음악회에 세워 연주할 수 있도록 했습니다. 연주를 통해 많은 청중들과 만날수록 그 여학생의 표정은 밝아졌고 연주는 자신감이 넘쳤으며 청중들 역시 더욱 즐거워했습니다. 음악에 대한 깊은 이해는 교실보다는 무대 위에서 길러집니다.

한번은 피아노를 전공하는 남학생에게 이런 제안을 해봤습니다.

"우리나라에서 한 번도 연주된 적 없는 10분짜리 콘체르토가 있는데, 한번 쳐볼래요?"

그러자 그 남학생은 한참을 망설이다가 이렇게 말했습니다.

"교장 선생님, 저는 시간도 부족하고……."

그 학생은 충분히 연주할 만한 실력을 가지고 있었지만 자신감이 부족했습니다.

"오케이, 알았어요."

기회는 다른 여학생에게 돌아갔습니다. 같은 제안을 했을 때 그 여학생은 이렇게 대답했답니다.

"교장 선생님, 걱정하지 마세요. 제가 2주 안에 이 곡을 연습해 오겠습니다."

객관적인 실력은 남학생이 여학생보다 앞섰지만 무대 위에는 여학생이 오를 수 있었지요. 그 여학생은 룩셈부르크의 왕자와 경제 부총리, 그리고 50여 명의 경제인단이 우리나라를 방문했을 때 디너에 초대돼 듀엣으로 연주를 했습니다. 룩셈부르크 왕자 일행은 연주를 감상한 뒤 뜨거운 갈채를 보내며 만족스러워했습니다. 나중에 왕자는 제게 이런 이야기를 들려줬습니다.

"저는 한국이 경제적으로만 대단한 발전을 이룬 줄 알았는데, 오늘 연주를 들으니 문화적으로도 이렇게 훌륭한 인재들을 길러내고 있었군요. 대단합니다. 아주 놀랐습니다."

안타까운 일이지만 저의 제안에 당황하면서 이렇게 대답하는 학생들도 있었습니다.

"그건 저 혼자 결정할 일이 아니라서…… 집에 가서 엄마랑 한번 의논해보겠습니다."

"교장 선생님, 엄마랑 이야기를 해봤는데 안 하는 게 좋을 것 같아요."

엄마가 시켜서, 선생님이 내준 숙제니까, 점수를 잘 받기 위해서 음악을 한다면 무슨 발전이 있겠습니까? 엄마가 하지 말라고 해도, 선생님이 말리더라도, 점수가 형편없게 나오는 한이 있어도 내가 좋아서, 너무나 즐거워서, 흥과 끼를 주체할 수 없어서 음악에 빠져야만 제대로 된 음악을 할 수가 있습니다. 제가 학생들에게 강조하고 당부하고 바라는 게 바로 이것입니다.

우리나라 음악계에는 잘못된 전통 같은 게 있습니다. 아이에게 재능이 좀 있으면 예술 중고등학교를 보내 비싼 돈을 들여 대학교수한테서 레슨을 받게 하는 것입니다. 1차 목표는 유명 대학 입학이지요. 그렇게 해서 대학에 들어가면 그다음은 국제 콩쿠르에 나가 입상하는 게 2차 목표가 됩니다. 한국 젊은이들의 재능이 워낙 뛰어나다 보니 요즘은 국제 콩쿠르에 우수한 성적으로 입상하는 학생들이 많습니다. 집안 형편이 어지간하면 유럽이나 미국 등으로 유학을 보내기도 합니다. 그런 다음에는 연주회 등을 통해 화려한 스펙을 쌓은 후 대학교수가 되는 게 3차 목표입니다. 일단 대학교수가 되고 나면 음악인으로서 목표를 다 이룬 셈입니다.

이 과정에서 모든 결정을 주도하는 건 '엄마'입니다. 한국의 엄마들, 특히 음악을 전공하는 아이를 둔 엄마들의 열성은 가히 독보적입니다. 그렇게 조련된 음악가에게서 무한한 상상력과 치열한 도전이나 자기 발전을 기대하기란 어려운 일입니다. 그런 음악은 하나의 직업일 뿐 즐거움은 사라진 지 오래니까요.

음악을 한다는 건 음악에 미치는 일입니다. 콩쿠르에 나가 입상을 하는 것이나 화려한 스펙을 쌓아 대학교수가 되는 것이 음악을 하는 목표가 아닙니다. 흥과 끼가 넘쳐서 음악을 하는 사람에게서는 즐거움의 에너지가 넘쳐 납니다. 우리 음악계에 진정으로 필요한 것은 이런 긍정과 도전과 환희의 에너지입니다. 대학을 나오지 않았어도, 유학을 다녀오지 않았어도, 콩쿠르 입상 경력이 없어도 그런 젊은이들에 의해 우리 음악계는 새로운 활력을 찾게 될 거라고 기대합니다.

청와대와
시장 골목에서의 연주

● 　　　　　　　　　프로페셔널 음악가들도 일반인
들과 똑같은 감정을 가진 사람입니다. 연주회를 앞두고 컨디션이
안 좋을 수도 있고, 뭔가 기분 나쁜 일을 겪었을 수도 있으며, 집안
에 우환이 생겼을 수도 있지요. 아름다운 음악을 통해 청중들에게
즐거움을 선사하는 것이 직업임에도 불구하고 이럴 경우 연주자가
악기를 잡았을 때, 성악가가 무대에 올랐을 때, 지휘자가 지휘봉을
들었을 때 평소와 다를 수 있습니다. 오케스트라는 화음이 생명입
니다. 한 사람의 실수나 방심으로 전체적인 분위기가 무거워지거
나 살얼음판을 걷듯 조심스러워진다면 즐거움은 날아가버리고 맙
니다.

　평상시의 혹독한 연습과 단련만이 무대 위에서 자신을 지켜내는
길입니다. 진정한 프로페셔널이라면 무대에 오를 때 그 어떤 잡념

이나 일상사도 다 떨쳐버려야 합니다. 무대 위에서는 오로지 음악만을 생각하고 음악에만 충실해야 하는 것이죠. 자신이 악보 위의 선율이 된 듯 음악을 즐겨야 합니다. 세상 어느 직업이나 다 어려움이 있고 애로 사항이 있으며 위험 요소가 있습니다. 그것을 자기 힘으로 극복해내는 사람만이 모두가 인정하는 전문가가 될 수 있는 것입니다.

제자들과 후배들에게 제가 특별히 강조하는 것은 음악을 하는 사람으로서의 마음가짐입니다. 무대에 올랐을 때, 연주가 시작됐을 때, 청중이 내 음악을 감상하고 있을 때, 언제 어디서든 똑같은 마음가짐이어야 한다는 것입니다. 장소가 청와대든 시장 골목이든, 예술의전당이든 초등학교 강당이든, 카네기 홀이든 공원 잔디밭이든 다름이 없어야 한다는 말입니다. 청중이 한두 명이든 수만 명이든, 시골 할머니, 할아버지들이든 대통령과 장관들이든, 코흘리개 어린아이들이든 턱시도를 갖춰 입은 신사들이든 구별하지 말아야 한다는 이야기입니다.

제5공화국이 막 출범하던 1981년의 일입니다. 당시 저는 독일에서 귀국해 KBS 교향악단을 지휘하고 있었습니다. 어느 날 청와대로부터 공연을 해달라는 연락을 받았습니다. 대통령을 포함해 각 부처 장관들과 각국 대사들까지 모인 200여 명의 청중들 앞에서 연주를 해야 했습니다. 청와대에 들어가 대통령 앞에서 연주한다는 것만 해도 부담스러운 판에 새롭게 등장한 군사 정권의 최고 실력자들 앞에 선다는 것이 여간 조심스러운 일이 아니었지요. 하지만 저는 여러 나라 대사들이 모인 자리니만큼 한국 음악계의 실력도 보여줄 겸 열심히 준비를 했습니다.

그런데 분위기가 이전 같지 않았습니다. 평소와 달리 연습 시간에 KBS 사장이 직접 나타나 잘 부탁한다면서 신신당부를 하는 게 아닙니까? 게다가 단원들도 어느 때보다 진지하게 연습에 임하는 것은 물론 공식 연습 시간이 끝났음에도 섹션별로 남아서 추가 연습을 하며 소리를 조율하기까지 했답니다. 대단한 열정들이었지요. 그 무렵 KBS 교향악단은 최고의 실력을 가진 연주자들이 모인 정상급 오케스트라였습니다. 그렇게까지 하지 않아도 평소대로만 한다면 아무런 문제가 없었습니다. 아무튼 모두들 최선을 다한 덕분에 음악회는 좋은 분위기 속에 잘 끝났습니다.

청와대 연주회 이후 다음 주에는 청소년 음악회가 예정돼 있었습니다. 저는 청소년들에게 쉽게 다가갈 수 있는 음악을 선물하기 위해 레퍼토리 하나하나에 세심하게 신경을 쓰면서 연습에 심혈을 기울었습니다. 단원들도 청와대 연주회 때 보여준 뜨거운 열정을 다시 한 번 보여주리라 기대했어요.

그러나 분위기가 전혀 달랐습니다. 연습에 임하는 단원들의 태도는 눈에 띄게 성의가 부족했고 진지하지 않았지요. 연습이 끝나도 누구 하나 남아서 추가 연습을 하거나 섹션별로 소리를 조율하는 걸 볼 수 없었습니다. 그때 제가 느낀 실망감은 이만저만이 아니었습니다.

대통령 앞에서 연주할 때는 긴장하며 최선을 다해 능력 이상의 연주력을 발휘하고, 어린 학생들 앞에서 연주할 때는 느슨한 태도로 대충 해도 그만이라고 생각한다면 그것은 바른 자세가 아닙니다. 음악으로 돈을 벌고 출세하는 게 목적이라면 연주하는 장소와 청중의 신분에 따라 연주자들의 태도나 마음가짐이 달라질 수 있을 겁니다. 그러나 음악 그 자체를 사랑하고 즐기는 것이 목적이라면 장소가 어디든 청중들이 누구든 따지지 않고 늘 같은 태도와 마음가짐으로 연주하는 게 마땅합니다. 제가 미술관이든 학교 강당이든 야외 잔디밭이든 시장 골목이든 분주히 사람들이 오가는 사거리 한복판이든 가리지 않고 달려가 클래식 음악이 흐르는 즐거운 연주회장으로 만들어온 것은 이 같은 신념을 실천하려 했기 때문입니다.

트럼펫 팡파르를 시작으로 오스트리아의 작곡가 주페의 〈경기병〉 서곡이 장쾌하게 울려 퍼졌습니다. 이어 독일 철학자 니체가 "습기와 우울을 날려버리는 강렬한 태양의 오페라"라고 극찬했던 프랑스 작곡가 비제의 오페라 〈카르멘〉 전주곡이 이어집니다. 관객들이 둥실둥실 몸을 들썩이면서 환호성을 지르며 즐거워합니다. 2013년 9월 24일 저녁 8시 30분 동대문시장에서 열렸던 '금난새의 왁자지껄 클래식 콘서트' 풍경입니다. 무대는 제일평화시장과 남평화시장, 그리고 광희시장 사이에 있는 공영 주차장에 마련됐지요. 동대문도매시장대표자회 등 시장 상인들의 요청으로 이루어진 콘서트였답니다. 저녁 8시 30분은 중국 관광객들을 포함해 하루 평균 100만 명이 찾는다는 쇼핑 명소인 동대문시장 일대가 가장 붐비는 시각입니다.

선선한 가을바람을 맞으며 쇼핑을 즐기러 나왔던 사람들과 시장에서 장사하던 상인들이 별안간 들려오는 클래식 선율에 깜짝 놀란 듯 음악의 진원지를 향해 몰려들었습니다. 반바지 차림의 아저씨, 슬리퍼를 신은 아가씨, 앞치마를 걸친 아주머니 등 차림새도 각양각색이었습니다. 정장을 갖춰 입은 관객은 찾기가 어려웠지요. 유로아시안 필하모닉 오케스트라의 연주가 거듭될수록 사람들은 점점 더 늘어났습니다. 인산인해였어요. 그야말로 즐거운 잔칫집 같은 분위기였습니다.

"연주가 어땠나요? 〈카르멘〉이란 곡은 요란하게 시작을 합니다. 분위기가 왁자지껄한 동대문시장과 같아 준비한 곡이랍니다. 저희는 다음 주에 베를린 필하모닉 홀에서 연주회를 갖습니다. 하지만 거기서 연주하는 것이나 동대문시장에서 연주하는 것이나 무슨 큰 차이가 있을까요? 저는 오늘 이 자리에 함께한 여러분을 행복하게 해드리고 싶은 생각뿐이랍니다."

저는 브람스의 〈헝가리 무곡〉, 피아졸라의 〈리베르탱고〉, 글린카의 오페라 〈루슬란과 류드밀라〉 서곡 등 오케스트라의 장엄함을 맛볼 수 있는 정통 클래식 곡들을 연주했습니다. 관객들은 사진을 찍거나 몸을 흔들거나 "브라보!"를 외치며 클래식의 즐거움을 한껏 만끽했습니다. 1905년에 개설돼 100년이 넘는 역사를 지닌 동대문시장에서 오케스트라 연주회가 열린 것은 그때가 처음이었다고 합니다. 한 여성 관객은 음악회가 끝난 뒤 이런 소감을 남기기도 했습니다.

"이런 자리가 마련된 줄 전혀 모르고 우연히 음악에 이끌려서 왔는데, 너무 좋은 경험이었어요. 시끌벅적한 동대문시장에서 우아한 클래식을 접할 수 있다는 게 정말 행복합니다."

이 공연의 성공 덕분에 다음 해인 2014년 9월 16일 저녁 8시에는 서울 명동예술극장 앞에 마련된 특설 무대에서 '명동! 특별한 하루'라는 제목의 클래식 콘서트도 열게 되었습니다. 명동 한복판에서 펼쳐진 최초의 클래식 공연으로, 바이올리니스트 박규민 씨와 마림바 연주자 강밀란 씨 등이 협연했습니다.

"지난해 동대문시장에 이어 다시 한 번 야외 클래식 공연을 하게 된 걸 매우 뜻깊게 생각합니다. 외국인 관광객들과 상가 상인들이 편안하게 즐길 수 있는 공연을 준비했습니다."

저는 러시아를 대표하는 작곡가 차이콥스키의 오페라 춤곡 〈에

프게니 오네긴〉을 시작으로 낭만파 음악의 금자탑으로 불리는 멘델스존의 〈바이올린 협주곡 E단조 작품 64〉 등 클래식 명곡과 함께 대중들에게 친숙한 영화 〈이티ET〉와 〈바람과 함께 사라지다〉 등의 오리지널 사운드 트랙도 들려줌으로써 특색 있고 감동적인 여운을 함께 선사하고자 했습니다. 이날도 역시 발 디딜 틈 없이 꽉 들어찬 명동 거리에서 사람들은 밤늦도록 클래식의 환희 속으로 빠져들었답니다. 언제 어디서든 다 함께 즐기는 신나는 연주회, 음악이란 바로 이런 것입니다.

아직도 두근거리는 일

"건강 관리를 어떻게 하시죠? 운동을 하거나 보약을 먹거나 무슨 비결이 있으신가요?"

기자들과 인터뷰를 할 때마다 거의 빼놓지 않고 받게 되는 질문입니다. 그만큼 제가 나이를 먹었다는 증거일 수도 있고, 거꾸로 생각하면 나이보다 건강해 보인다는 방증일 수도 있습니다.

저는 별다른 운동을 하지 않습니다. 솔직히 말하면 운동을 할 시간조차 없습니다. 이른 아침부터 밤늦은 시간까지 하루 일정이 빼곡하게 짜여 있기 때문이지요. 아내가 정성을 다해 먹을 것과 마실 것을 챙겨주지만 그렇다고 특별한 보약을 먹지는 않습니다. 짜고 맵고 단 자극적인 음식만 삼갈 뿐 아무거나 다 잘 먹는 식성이에요. 산삼이니 녹용이니 하는 건 자주 먹지 않는답니다. 술은 가끔 즐기지만 담배는 일절 하지 않죠. 제 건강 비결은 온종일 즐겁게 음악을 하고 틈틈이 사람들을 만나 즐거운 대화를 나누며 나머지 시간은 가족들과 보내는 데 있습니다. 지금도 바빠서 몸이 열 개라도 모자랄 지경이지만 차 안에서, 또는 밥을 먹다가 문득 떠오르는 엉뚱한 상상 덕분에 새로운 음악회를 기획하게 되면 어디선가 엔도르핀이 불끈 솟아오르곤 합니다.

오케스트라 단원들 중에 체력 소모가 가장 큰 사람은 누구일까요? 지휘자일 확률이 높습니다. 연주자들은 관악기든 현악기든 타악기든 다 의자에 앉아 연주를 하죠. 성악가들은 자기가 맡은 순서에만 나와서 노래를 부르고 들어갑니다. 협연을 하는 솔리스트들도 마찬가지고요. 그러나 지휘자는 음악회가 시작되는 순간부터 끝나는 순간까지 무대에 홀로 서서 지휘를 해야 합니다. 그냥 서 있기만 하는 게 아니라 음악에 심취해 발을 구르기도 하고, 공중으로 뛰어오르기도 하며, 지휘봉을 들고 양팔을 하늘 높이 휘두르기도 합니다. 그만큼 체력 소모가 많습니다. 연주회가 끝나면 연미복 안에 입은 셔츠와 속옷까지 땀으로 흥건하게 젖기 일쑤입니다. 저는 머리숱이 많지 않아 그나마 다행이지만 머리가 긴 젊은 지휘자들은 땀을 뻘뻘 흘리는 경우가 많습니다.

그럼에도 불구하고 저는 두 시간, 세 시간, 또는 그보다 더 긴 시간 동안의 연주가 끝나도 힘든 줄을 모릅니다. 지치지가 않아요. 아름다운 음악을 실컷 연주할 수 있고, 청중들이 내가 연주하는 음악을 들으며 이토록 즐거워하고 좋아한다는 사실에 신이 나는 것이죠. 그러니 연주가 끝나면 빨리 가서 쉬고 싶은 게 아니라 어떻게 하면 앙코르 곡을 하나라도 더 연주할 수 있을까를 궁리하게 된답니다.

앙코르 연주까지 다 끝나면 단원들은 차례로 무대를 떠나지만 저는 무대 위에 혼자 서서 끝까지 박수를 보냅니다. 모든 갈채와 기쁨을 연주자들에게 돌리기 위해서입니다. 연주가 끝난 뒤 지휘자가 맨 먼저 퇴장하면 청중들은 자리를 뜨거나 박수를 멈추는 경우가 많아요. 그러면 갈채를 지휘자 혼자 다 받는 격이 되는 것이죠. 그래서 저는 끝까지 무대에 남아 연주자들에게 박수를 보내는 것입니다. 그렇게 해도 제 다리는 후들거리지 않습니다.

고등학생 때부터 음악을 했으니 제 취미이자 운동이자 건강 비결인 동시에 삶 그 자체인 음악에 몰입한 지도 50년이 훨씬 넘습니다. 하지만 아직도 저는 첫사랑에 잠 못 이루는 청년처럼 악보를 볼 때마다, 무대에 설 때마다, 지휘봉을 들 때마다 가슴이 두근거리고 설렌답니다. 이런 숭고한 떨림이 없다면 예술가로서 사실상 생명력이 다한 것입니다. 아직은 제게 이런 떨림이 남아 있기에 서울예고 교장으로, 성남시립예술단 총감독으로, 한경 필하모닉 오케스트라 음악감독으로, 뉴월드 필하모닉 오케스트라 CEO로 많은 역할을 맡아 종횡무진하면서도 늘 즐겁고 신나게 일을 하고 얼굴에서 웃음이 떠나질 않는 것입니다. 이것이 바로 음악의 힘입니다.

　유쾌하게 사는 사람이 좋은 사람이라면 다른 사람을 유쾌하게 만들어주는 사람은 얼마나 좋은 사람일까요? 조직을 살리는 사람은 어떤 일이든 긍정적 시각으로 즐겁고 신나게 뛰어드는 사람입니다. 음악을 하든지 기업을 하든지 학문을 하든지 정치를 하든지 나로 인해 즐거움이 생산되고 확대되고 전파되도록 하는 것은 무엇과도 비교할 수 없이 가치 있는 일이랍니다.

마음껏 상상하십시오

청중의 마음을
상상하다

● 　　　　　　　　저는 청중들에게 아름다운 음악
을 좀 더 쉽고 친근하게 들려주기 위해 항상 최선을 다합니다. 그것
이 제가 살아가는 이유이며 음악을 하는 목적입니다. 따라서 제 모
든 상상력의 초점은 오로지 청중에게 맞춰져 있습니다. 청중들이
무엇을 원할까, 어떻게 하면 청중들이 더 즐거워할까, 공연장을 찾
은 청중들에게 만족을 주려면 어떤 연주를 해야 할까, 새로운 공연
을 기획할 때나 연주를 앞두고 저는 수도 없이 이런 고민을 하며 즐
거운 상상의 바다를 유영한답니다.

"오늘 연주회 정말 좋았어요. 많은 감동을 받았습니다."

연주회가 끝난 뒤 청중들이 이런 칭찬을 해주면 저는 피곤함도
잊은 채 황홀한 기분에 휩싸입니다. 그런데 이렇게 말해주는 청중
이 있을 때 저는 더 많은 고마움을 느낍니다.

"환상적인 공연이었어요. 꼭 다시 듣고 싶습니다. 그래서 다음 공연 때 또 올 거예요."

수원시립교향악단 지휘봉을 잡고 고군분투할 때였습니다. 어느 날 한 통의 전화가 걸려 왔습니다.

"예술의전당 공연기획팀입니다. 저희는 해마다 청소년 음악회를 개최해오고 있습니다. 좋은 의도에서 시작한 프로그램이지만 청소년들을 대상으로 하는 무료 음악회다 보니 생각보다 운영이 쉽지가 않습니다. 그래서 연락을 드렸는데…… 금 선생님께서 이 음악회를 맡아주실 수 있겠습니까? 그렇게만 해주신다면 가능한 한 지원을 아끼지 않겠습니다."

저는 즉석에서 그 제안을 수락했습니다. 청소년은 미래의 청중입니다. 클래식 음악이 더 많은 대중들의 사랑을 받으려면 어릴 적부터 좋은 프로그램을 선택해 공연장을 찾아 음악을 즐기는 습관이 돼 있어야 합니다. 저 역시 중학생 때 AFKN(주한미군방송)을 통해 번스타인의 청소년 음악회를 보고 지휘자가 될 꿈을 갖게 됐으니까요. 교육은 연주와 함께 제 주된 관심사였습니다.

이때부터 제 모든 상상력은 청소년 음악회를 성공시키는 데에만 집중됐습니다.

저는 먼저 음악회 이름부터 바꾸었습니다. '청소년 음악회 정기 연주회'와 같은 이름은 청소년들의 관심을 끌기에 너무 고리타분

했으니까요. 참신하면서도 흥미를 유발할 수 있는 새로운 이름이 필요했습니다. 저는 '금난새와 함께 떠나는 세계 음악 여행'이라는 새로운 이름을 내걸었습니다. 제가 기획하고 연주하며 해설함으로써 공연장을 찾은 모든 청소년들에게 충분한 감동과 즐거움을 선사하겠다는 자신감의 표현으로 제 이름을 당당히 내건 것입니다. 또한 1994년 당시만 해도 청소년들이 지금처럼 자유롭게 해외여행을 한다는 건 어려운 일이었습니다. 저는 이들에게 음악을 통해 마음껏 세계 곳곳을 여행하게 함으로써 큰 꿈을 갖게 해주고 싶었습니다.

그다음으로 음악회를 무료에서 유료로 바꾸었습니다. 자본주의 사회에서 돈은 곧 가치를 의미합니다. 아무리 적은 돈이라도 내 돈을 내고 공연을 감상하는 것과 무조건 공짜로 공연장에 들어가는 것은 하늘과 땅 차이인 것이지요. 저는 청소년들이 어렸을 때부터 용돈을 모아 스스로 공연장을 찾는 습관을 길러주고 싶었습니다. 클래식의 대중화는 여기서부터 출발해야 한다고 믿었지요. 표 값은 2,000원이었습니다. 이 정도면 청소년들이라도 그다지 부담은 되지 않을 터였습니다.

끝으로 제가 이때부터 시작한 것이 해설이 있는 음악회였습니다. 클래식 음악이 뭔지, 오케스트라가 어떻게 구성돼 있는지, 주요 음악가는 누구이고 그들이 만든 클래식 명곡은 무엇인지 대부분 아는 게 없는 청소년들에게 아무런 사전 설명도 없이 그냥 음악만 연주하고 끝낸다는 건 청소년들과 클래식 음악 사이에 더욱 거대한 담벼락을 쌓는 일과 같다고 생각했습니다. 저는 공연장을 찾은 모든 청소년들이 '클래식이란 게 이렇게 쉽고 재미있고 아름다운 거였구나', '음악이 나와 무관한 게 아니라 내 삶과 이토록 밀접하게 맞닿아 있었구나' 하고 감탄하며 즐거워하는 모습을 끝없이 상상했답니다. 약간 어눌하고 준비되지 않은 듯한 어색한 제 말투도 청소년들에게 더 친근감을 주기 위해 연구하고 훈련한 덕에 만들어진 것입니다.

　모든 것을 청중들의 눈높이에 맞춰 상상하고 기대하며 준비한 결과는 대성공이었습니다. 첫해 공연부터 예술의전당 2,300석 좌석이 매진되는 기록이 세워졌습니다. 청소년들이 입장료를 내고 공연장 전체를 빼곡히 메운다는 건 당시로서는 상상할 수 없는 일이었습니다. 1994년 7월 7일 자 〈경향신문〉에는 '금난새 청소년 음악회 큰 인기'라는 제목으로 다음과 같은 기사가 실렸습니다.

── 예술의전당이 청소년들을 위해 기획한 '금난새와 함께 떠나는 세계의 음악 여행'이 뜨거운 호응을 받고 있다. 지난 4월 16일 '오스트리아의 음악-세계 음악의 교차로'라는 부제로 시작된 이 시리즈는 첫 공연 때 전 석 매진을 기록한 데 이어 5월의 '프랑스 음

악' 편, 6월의 '독일 음악' 편의 입장권이 발매 일주일도 되기 전에 모두 팔려 나가는 등 폭발적인 인기를 누렸다. 오는 16일 오후 6시에 열릴 '이탈리아 음악' 편도 입장권 발매 하루 만에 전 석이 매진되는 전무후무한 기록을 세웠다. 예술의전당 측은 매 공연마다 600~900장의 입석권을 마련, 공연 당일 4시 30분부터 판매했으나 이 역시 곧 동이 나는 호황을 경험한 터여서 16일 공연에는 몇 장의 입석권을 마련할지에 관해 벌써부터 즐거운 고민을 하고 있다.

이후 저는 예술의전당에서 해마다 '금난새와 함께 떠나는 세계 음악 여행'을 각 나라별로 9회씩 연주를 이어갔는데, 무려 6년 동안이나 연속 매진이라는 대기록을 세웠습니다.

"선생님 연주에는 왜 그렇게 많은 청중들이 몰려들어 열광을 하는 건가요?"

저를 만나는 사람마다 이런 질문을 하곤 합니다. 무슨 엄청난 비밀이나 비법이 있는 것처럼 궁금해하죠. 하지만 그런 게 있을 리 없습니다. 다만 저는 유명해지기 위해, 돈을 벌기 위해 공연을 하는 게 아니라 청중들을 위해, 청중들이 더 즐거워하도록, 청중들이 원하는 음악을 들려주기 위해 한시도 쉬지 않고 포디엄 위에 올라가는 것입니다. 즉흥적으로 관객 한 명을 불러내 노래를 시킨다거나, 합창단을 청중으로 위장해 객석에 앉아 있다가 갑자기 노래를 부르게 한다거나, 발레곡을 연주할 때 곡에 어울리는 무용단을 무대 위로 깜짝 등장시켜 공연을 하게 하는 건 모두가 청중들을 위해서입니다. 사소한 소품 하나와 별것 아닌 듯 보이는 퍼포먼스 하나에도 청중들은 예민하게 반응하고 즐거워합니다. 청중들이 지갑을 열어 표를 예매하고, 시간을 쪼개 공연장을 찾았을 때는 그만한 기대감이 있어서입니다. 저는 혼신의 힘을 다해 그들의 기대를 충족시켜야만 합니다. 그것이 저에게 주어진 사명이며 존재의 이유이기 때문입니다.

기업도 마찬가지입니다. 언뜻 기업의 존재 이유는 이윤 극대화에 있는 것처럼 보입니다. 그러나 저는 더 많은 돈을 벌기 위해 혈안이 된 기업이 오래가는 걸 보지 못했습니다. 제조업이든 서비스업이든 금융업이든 업종을 불문하고 모든 기업은 고객을 위해 존재합니다. 고객의 눈높이에 맞춰 고객에게 더 좋은 제품을 공급하고, 더 나은 서비스를 제공하며, 더 많은 즐거움을 선사하기 위해 최선을 다하는 기업이라면 좀 더디더라도 반드시 고객들의 호응을 얻게 될 날이 옵니다. 한때 '고객 만족', '고객 감동'이라는 말이 유행한 적이 있지요. 1980년대 후반 미국과 유럽 등지에서는 '고객 만족 경영'이라는 경영 기법이 확산되기도 했습니다.

하지만 기업들이 외친 구호 속에는 진정성이 부족했습니다. 제품 또는 서비스에 대해 원하는 것을 충족시켜줌으로써 결국은 다시 제품 또는 서비스를 더 많이 팔기 위한 전략으로서만 고객 만족과 고객 감동을 외친다면 이는 공허한 메아리로만 들릴 뿐입니다.

　고객들은 우매한 것 같지만 현명하며, 속고 있는 듯 보이지만 기업들의 속내를 꿰뚫고 있습니다. 점심 식사를 하러 식당엘 가보면 대번에 압니다. 가게 주인이 밥을 팔아 돈을 버는 데만 열중하고 있는지, 아니면 배고픈 사람들에게 따뜻한 밥 한 그릇 차려주는 일을 사명으로 알고 즐거운 마음으로 밥상을 차려내는지를 말이지요. 고객이란 기업을 흥하게 할 수도 있고 망하게 할 수도 있는 양날의 칼 같은 존재라고 생각합니다.

위대한 산물은
상상력으로부터

　　　　　　　　　　　"번스타인과 베토벤을 연주할 때
는 번스타인 식으로 연주합니다. 하지만 뵘과 베토벤을 연주하면
우리는 베토벤 식으로 연주하면 됩니다."

　빈 필하모닉 오케스트라의 한 수석 바이올리니스트가 한 말입니
다. 오스트리아의 명지휘자 칼 뵘은 흔들림 없는 조형의 음악을 추
구했습니다. 과장이나 왜곡을 싫어하는 그의 진지함과 견고함은 빈
필하모닉 오케스트라의 연주를 통해 정확하고 강력하게 표현돼 청
중들을 매료시켰지요. 반면 레너드 번스타인은 자유로운 영혼을 소
유한 쇼맨이었습니다. '음악의 피터 팬'이라는 별명에 걸맞게 그는
대중들의 상상력을 사로잡는 연주로 화제를 몰고 다녔습니다. 지휘
봉만 잡으면 그는 춤을 추듯 자기만의 음악 세계로 빠져들었지요.

　똑같은 작곡가의 곡이라도 지휘자가 어떻게 해석하느냐, 어떤

음악적 상상력을 발휘하느냐에 따라 음악은 제각각 달라진답니다. 베토벤을 자신의 음악으로 재구성해서 연주한 번스타인이나 작곡가인 베토벤의 의도에 충실하게 몰입해 연주한 뵘이나 모두 자신의 상상력을 총동원한 것이기에 어느 편이 더 좋고 나쁘고, 옳고 그르고를 따질 수가 없는 것입니다. 모든 상상력은 무죄이며 자유이기 때문이지요.

만약 세상의 모든 오케스트라가 온갖 곡을 한 치의 오차도 없이 똑같이 연주하고, 수많은 지휘자들이 각종 음악을 약속이나 한 듯 동일하게 연주한다면 우리는 굳이 비싼 돈을 내고 연주회장을 찾아갈 필요가 없습니다. LP든 CD든 잘 녹음된 음원 하나만 가지고 있으면 언제 어디서든 누가 지휘를 했건 어느 오케스트라가 연주를 했건 관계없이 한 작곡가의 음악을 일관된 수준의 연주로 감상할 수 있을 겁니다. 하지만 그거야말로 재앙이지요. 상상력 부재의 기계화된 사회, 그것은 문화와 예술이 없는 지옥이나 다름없다고 생각합니다.

"운명은 이와 같이 문을 두드린다."

베토벤 '교향곡 5번'. 어느 날 제자가 그 유명한 1악장 첫 부분의 주제가 뭐냐고 물었을 때 베토벤은 이렇게 대답했다고 합니다. 이때부터 이 교향곡은 '운명 교향곡'이라는 별칭을 갖게 됐답니다.

이 곡을 작곡할 무렵 베토벤은 커다란 시련 속에 놓여 있었습니다. 불과 30대 중반의 나이에 귀가 점점 나빠지고 있었고, 나폴레옹이 빈을 점령하는 등 혼란이 계속됐기 때문이지요. 운명을 극복하는 인간의 의지와 환희를 그린 이 곡은 1악장에서는 시련과 고뇌가, 2악장에서는 다시 찾은 평안과 안락이, 3악장에서는 멈추지 않는 도전과 열정이, 그리고 4악장에서는 뜨거운 감격과 환희가 느껴집니다.

그렇다면 지휘자들은 이 곡을 어떻게 해석하고 상상력을 발휘해 연주했을까요? 연주 시간을 살펴보면 그 특색을 알 수 있습니다. 이탈리아의 거장 아르투로 토스카니니는 1937년에 자신을 위해 조직된 NBC 심포니 오케스트라를 통해 거침없이 내달리며 30분 만에 4악장 연주를 모두 끝냈습니다. 영국 출신으로 베를린 필하모닉 오케스트라의 음악감독 겸 수석 지휘자로 활동하면서 우리나라에서도 몇 번 공연을 했던 사이먼 래틀은 빈 필하모닉 오케스트라와 함께 31분에 걸쳐 연주를 마쳤지요. 반면 칼 뵘은 베를린 필하모닉 오케스트라를 이끌고 34분 동안 연주를 이어갔으며, 루마니아가 낳은 환상의 지휘자이자 독설가로도 유명했던 세르주 첼리비다케는 뮌헨 필하모닉 오케스트라를 지휘하며 장장 36분 동안이나 이 곡을 연주했다고 합니다. 지휘자가 어떤 해석과 상상을 하느냐에 따라 곡 전체의 흐름과 분위기는 물론이고 이렇듯 연주 시간까지도 많은 차이가 나게 마련인 것입니다.

그렇다면 금난새는 어떨까요? 제가 CEO로 있는 뉴월드 필하모닉 오케스트라가 베토벤 '교향곡 5번'을 연주하면 어떤 모습의 무대가 될까요? 저는 베토벤과 함께 오랫동안 악보의 숲을 거닐었답니다. 그러면서 그의 고독과 환희를 함께 느껴보고자 했지요. 그는 지독하게 가난했습니다. 어머니가 돌아가신 뒤에는 아버지와 동생들을 책임지며 혼자서 생계를 꾸려가야 했어요. 몸은 병들어 자신이 작곡한 곡을 직접 들어볼 기회조차 갖지 못했고요. 저는 이 곡을 통해 가혹한 운명을 짊어지고 살아가야 했던 베토벤의 처절한 삶과 숭고한 예술혼을 청중들에게 들려주고 싶었습니다.

"빠바바밤~ 빠바바밤~."

저는 제1악장의 도입부를 먼저 연주했습니다. 청중들은 너무도 익숙한 멜로디가 흘러나오자 조용히 귀를 기울였지요. 클래식 음악에 어지간히 둔감한 사람이라도 이 정도는 들어본 적 있기에 청중들의 얼굴엔 편안한 미소가 흐르더군요. 저는 가만히 뒤로 돌아서서 말을 건넸습니다.

"에……, 이미 다 알고 있다는 표정이군요? 맞습니다. 오늘 연주할 곡은 〈운명 교향곡〉으로 잘 알려져 있는 베토벤의 '교향곡 5번'입니다. 모차르트는 아버지를 잘 만나서 그다지 어렵지 않게 음악을 했답니다. 하지만 베토벤은 달랐습니다. 그는 너무 가난해서 많은 어려움을 겪었고, 여러 번 집을 옮겨 다니면서 하숙을 할 수밖에 없었답니다. 그러다가 결국 집세를 밀리게 됐습니다. 집주인이 베토벤이 살고 있는 집을 찾아와 밖에 서서 문을 두드립니다.”

말을 마친 뒤 저는 다시 한 번 제1악장의 도입부를 장쾌하면서도 애절하게 연주했습니다.

“빠바바밤~ 빠바바밤~.”

맨 처음 연주한 음악과 두 번째로 연주한 음악을 듣는 청중들의 반응이 달라지더군요.

“어때요? 빠바바밤~, 똑똑똑똑~, 꼭 집주인의 노크 소리 같지 않나요?”

청중들은 박수를 치며 즐거워했습니다. 어려워 보이기만 하던 클래식 음악이 쉽고 친근하게 청중들의 삶 속으로 들어가는 순간이 었지요. 저는 청중을 바라보며 말을 이어갔습니다.

“집주인이 밖에 서서 돈 달라고 문을 두드리는 사이 방 안에서는 베토벤이 밀린 집세를 치를 돈이 없어 번뇌와 고민에 사로잡혀 있습니다. 바로 그 순간 베토벤은 이 짧은 두 마디의 모티프를 그냥 흘려버리지 않고 이를 토대로 하나의 교향곡을 만들었답니다. 머리에 떠오르는 악상을 단번에 오선지로 옮겨낸 모차르트와 달리 베토벤은 오선지가 닳아 없어질 정도로 수도 없이 고치고 또 고쳐서 악보를 완성한 것으로 유명합니다. 이 곡 역시 베토벤은 3년 동안이나 고치고 또 고쳐서 완성했답니다. 자, 이제부터 제대로 한번 들어볼까요?"

세 번째로 베토벤 '교향곡 5번' 제1악장이 연주됐습니다. 바이올린의 강렬한 선율과 애잔한 멜로디에 이어 첼로의 나지막한 호소 같은 가락이 차례로 연결됩니다. 집주인과 베토벤의 밀고 당기는 대화가 연상되면서 혹독한 현실 세계와 아름다운 예술 세계가 오묘하게 겹쳐집니다. 제2악장에서는 운명의 역동성을 유감없이 표현하듯 베토벤의 변주가 이어지고, 제3악장에서는 첼로와 콘트라베이스의 활약 속에 인생과 운명의 어두운 터널을 지나게 되며, 마침내 제4악장에 이르면 기대와 긴장이 최고조에 달하면서 승리와 환희의 팡파르가 울려 퍼집니다.

연주가 끝나자 청중들의 박수가 뜨겁게 이어졌습니다. 해설 없이 연주할 때보다 훨씬 더 열광적이었지요. 제 상상력이 연주와 해설로 청중에게 전달되면서 여기에 그들만의 상상력이 더해진 결과였습니다. 그러니까 위대한 창작도, 빛나는 연주도, 풍성한 감동도 결국은 상상력의 산물인 것입니다.

삶과 경영이란
변주곡을 연주할 때

●   "음……, 지휘자는 늘 청중을 뒤
에 두고 등을 보이며 지휘를 하는데, 오늘은 이렇게 청중들 얼굴을
가까이서 마주 보고 이야기를 하게 되니 좀 어색하기도 하고 떨리
는군요. 분위기를 부드럽게 만들 겸 먼저 작은 실내악 연주 한 곡
듣고 나서 강의를 이어가도록 할까요?"

　이렇게 말하면 수강생들은 박수를 치며 환호를 합니다. 어눌한
제 강의보다는 늦은 시간 하루의 피로를 말끔히 씻어주는 아름다운
음악 한 곡이 더 즐겁다는 표정들이지요. 저는 기업이나 학교 등에
서 가끔씩 강의를 하곤 합니다. 강의 요청이 굉장히 많이 들어오지
만 워낙 연주회가 많은 탓에 그중 극히 일부만 수락할 수밖에 없답
니다. 그러니 한번 강의를 하게 되면 모두가 즐거운 시간이 될 수
있게끔 많은 노력을 기울입니다. 저는 미리 제가 지휘하는 오케스

트라의 단원이나 서울예고 학생 중에서 두 명을 섭외해 이날의 연주를 부탁해둡니다. 바이올린과 첼로의 조합도 좋고, 바이올린과 비올라의 어울림도 근사하지요.

"노르웨이에 할보르센이라는 작곡가가 있었어요. 처음에는 바이올린을 연주하면서 아이들을 가르치는 게 주된 일이었죠. 그런데 어느 날 가르치던 아이가 아파서 오질 못했어요. 갑자기 시간이 난 그는 평소 하고 싶었던 작곡에 몰두했어요. 마침 피아노 옆에 헨델의 악보가 있었죠. 〈하프시코드를 위한 파사칼리아〉라는 단조로운 곡이었어요. 한번 들어볼까요?"

14세기에 만들어진 하프시코드는 피아노가 제작되기 이전의 대표적 건반 악기로서 건반부터 연결된 액션 장치로 현을 튕겨 소리를 내는 발현 악기입니다. 파사칼리아는 17세기 초엽 에스파냐에서 발생한 무곡이고요. 연주자 중 한 사람이 헨델의 원곡을 조용히 연주합니다.

"어때요? 좋긴 하지만 뭔가 아쉽죠? 할보르센은 건반 악기를 위해 만든 이 곡을 바이올린과 비올라, 또는 바이올린과 첼로로 연주할 수 있는 현악 2중주로 변주해 곡을 만들었어요. 이렇게 같은 주제를 바탕으로 리듬이나 멜로디, 화성 등에 변화를 줘서 완전히 새로운 느낌의 곡을 만들어내는 것을 변주곡이라고 해요. 그럼 할보르센의 변주곡을 들어볼까요?"

두 개의 현악기가 〈헨델 G단조 주제에 의한 파사칼리아〉를 연주합니다. 봄 또는 가을밤의 정취를 더욱 아련하게 만드는 화사한 선율이 강의실 가득 울려 퍼집니다. 약 7분 동안 수강생들은 낮에 있었던 치열한 삶의 아귀다툼과 밤중까지 이어지는 학습의 중압감을 모두 잊어버린 채 행복한 표정으로 음악을 즐긴답니다. 강의실인지 연주회장인지 구분할 수 없는 풍경이지요.

이내 연주가 끝나면 너나없이 열렬한 갈채를 쏟아냅니다. 단지 두 개의 악기로 연주되지만 힘차고 화려하며 열정적이어서 어느 명곡 못지않게 청중들을 몰입시키고 빠져들게 하는 매력이 있는 곡입니다. 다들 여운이 채 가시지 않은 듯 클래식의 매력에 흠뻑 취한 얼굴들입니다.

"아, 좋았어요. 괜찮았죠? 이전에 들었던 곡보다 훨씬 더 아름답고 조화롭고 풍부하다는 게 느껴지시죠? 이 곡은 모두 아홉 개의 변주곡으로 이루어져 있어요. 똑같은 음악이지만 조금 빠르거나 느리게, 크거나 작게, 기교를 부리거나 정석대로 연주하거나 하는 미세한 차이에 따라 각각 다른 감동을 주게 돼요. 사람으로 치자면 한 곡 안에 인생의 기쁨과 슬픔, 환희와 고통, 만남과 이별, 삶과 죽음 등이 전부 녹아들어 있는 셈이죠. 작가가 글을 쓴 다음에는 그 글이 작가 자신의 것이 아니라는 말이 있어요. 글을 읽고 느끼고 소화하는 독자들의 것이란 이야기죠. 음악도 마찬가지예요. 작곡가가 어떤 곡을 썼더라도 그 곡은 다른 사람에 의해 무수한 변주곡으로 만들어질 수 있어요. 청중들 또한 한 곡을 저마다 다르게 감상할 수 있고요. 예술이란 그런 것이죠. 헨델과 할보르센은 한 번도 만난 적이 없었지만 음악을 통해 깊이 교류했어요. 그 결과 건반 악기를 위해 만들어진 헨델의 원곡보다 오히려 현악기를 위해 만들어진 할보르센의 변주곡이 더 유명해졌죠. 이것이 바로 상상력의 힘이에요. 무엇을 상상하느냐에 따라 수많은 다른 결과들이 만들어질 수 있다는 이야기예요."

저는 예술은 물론 경영도 그 핵심은 상상력이라고 생각합니다. 상상력이 없는, 상상력을 발휘하지 못하는 개인이나 조직이나 기업은 결코 성장할 수도, 성공할 수도 없다고 믿지요. 제가 기업체 임원이나 CEO들로 가득 찬 강의실에서 이론이나 경험을 이야기하기에 앞서 실내악 연주로 아름다운 변주곡 한 곡을 먼저 들려주는 것은 이것을 강조하기 위함입니다. 우리네 삶과 경영 현장에도 모범답안이나 만고불변의 법칙 같은 건 없습니다. 언제 어디서 무슨 일이 벌어질지, 지금 하고 있는 일이 어떤 결과를 만들어낼지 예측하기 어렵지요. 오직 상상력을 가진 사람만이 어떤 경우에든 능동적이고 유연하게 대처할 수 있을 뿐입니다.

지금까지 세상에 전혀 없었던 완전히 새로운 획기적인 무엇인가를 창조해내는 것은 정말 어려운 일입니다. 그것은 레오나르도 다

빈치나 뉴턴, 에디슨이나 아인슈타인 같은 천재들이나 할 수 있는 일이랍니다. 제가 말하는 상상력은 이미 있는 것, 알고 있는 것, 주변에 흔한 것이라 해도 그것을 바탕으로 얼마든지 붙이고 늘리고 덧씌우고 조합해서 색다른 무엇인가를 만들어내는 영감을 말합니다. 이를테면 어떤 인형이 있을 경우 자꾸 새로운 옷을 입혀보고 머리 모양도 바꿔보고 화장도 시켜보는 것이지요. 그러면 한 가지 인형이지만 날마다 새로운 인형을 가지고 노는 기분이 들 겁니다. 음악으로 설명하자면 이런 게 바로 변주곡을 만드는 일입니다.

독일 음악계의 3B로 일컬어지는 요한 제바스티안 바흐, 루트비히 판 베토벤, 요하네스 브람스 역시 많은 변주곡을 남겼습니다. 음과 음을 배열해 아름다운 선율을 만들었다 하더라도 아무런 변화 없이 그냥 반복되기만 한다면 감흥은 점점 사라지고 지루해질 수밖에 없는 것이죠. 그런데 기본 선율 위에 새로운 리듬과 장식을 가미해 변주한다면 전혀 새로운 음악처럼 감추어진 개성과 매력이 온전히 드러나게 된답니다. 멜로디의 윤곽은 그대로 살아 있지만 장면 장면마다 각각의 음악이 별도로 생겨 나와 다양하게 변화해가는 것이 바로 변주의 매력이라고 할 수 있어요.

삶과 경영은 끝없는 변주곡입니다. 하나의 리듬이나 멜로디가 시종일관 이어지는 음악이 없듯 산다는 것도, 경영한다는 것도 끊임없이 변화하는 새로운 환경을 예측하고 대응하며 적응하는 것입니다. 여기에 반드시 필요한 것이 상상력이지요. 다음에는 무슨 일이 벌어질까, 이 장면 뒤에는 어떤 장면이 이어지는 게 좋을까, 좀더 다양한 변화를 위해서는 무엇이 필요할까, 이렇게 꼬리에 꼬리를 물고 상상을 거듭한다는 건 무척 즐겁고 신나는 일 아닌가요? 상상력에는 아무런 한계도 없습니다. 오로지 열정과 호기심으로 똘똘 뭉친 사람에게서만 상상력은 쉬지 않고 솟아나는 법입니다.

 안 될 게 뭐람?

상상력을 발휘하는 데 꼭 필요한 조건 또는 디딤돌이 있다면 그것은 반항심과 독립심입니다. 무슨 일이든 관행대로, 시키는 대로 하는 게 아니라 언제든 거꾸로 뒤집어보고, 반대로 생각해보고, 왜 그래야만 하는지 의문을 가져보는 것, 이것이 바로 상상력의 출발점이니까요.

"Why not?"

저는 어렸을 때부터 이 말을 입에 달고 살았답니다. 이 말이 긍정적으로 쓰이면 "안 될 이유가 있겠어?", "당연히 되지, 안 될 게 뭐람?" 이런 뜻이지만 부정적으로 쓰이면 또 다르게 쓰이지요. "안 되는 이유가 뭐죠?", "왜 안 된다는 거죠?" 이런 뜻이에요.

어른들이 위험하다며, 어렵다며 무조건 안 된다고 하면 저는 "Why not?" 하고 되물었고, 어른들이 잘했다며, 당연하다며 그렇

067

게 해야 한다고 하면 저는 또다시 "Why not?" 하고 반문했습니다. 한마디로 저는 엉뚱한 반항아였지요.

다 그런 건 아니지만 형제들 중 대개 첫째는 침착하고 모범적이며 둘째는 반항적이고 도전적인 성향이 많다고 합니다. 저는 둘째 아들입니다. 그래선지 남들이 당연하다고 생각하는 것들을 곧이곧대로 받아들이지 않았지요.

중학생 때 AFKN 클래식 음악 프로그램을 통해 레너드 번스타인의 지휘와 해설에 매료돼 그와 같은 멋진 지휘자가 되리라 꿈꿨지만 한편으로는 외교관도 되고 싶었고 디자이너나 화가에 대한 포부를 갖기도 했습니다. 되고 싶은 것도 많고 하고 싶은 것도 많았던 제게 아버지는 늘 상상력이 풍부하다며 칭찬을 아끼지 않으셨습니다. 아마도 이런 기질은 부모님에게서 물려받은 게 아닌가 생각합니다. 제 부모님 또한 잘못된 것을 보고도 못 본 척 눈감으며 적당히 현실과 타협하는 분들이 아니었기 때문이지요.

"학교에 가면 좋은 친구를 만나야 한다."

어릴 때 부모님께서 이렇게 말씀하시면 당연히 그래야지 하고 수긍한 게 아니었습니다.

'내가 먼저 좋은 친구가 돼야 좋은 친구를 만날 수 있는 것 아닌가요?'

이런 의문이 먼저 들었으니까요. 그렇다고 해서 제가 매사를 부정적으로 보는 사람이라는 의미는 아닙니다. 저는 매우 긍정적인 사람이랍니다. 사람을 대할 때나 일을 추진할 때 저는 언제나 진취적이고 적극적이며 도전적입니다.

다만 모든 일에 의문을 가지고 질문을 던지면서 당연한 것들 저 너머에 도사리고 있는 새로운 상상력을 끄집어내야 한다는 걸 강조하는 것입니다.

독립심은 상상력의 바탕이 됩니다. 제가 30대 초반의 나이에 파격적으로 KBS 교향악단 전임 지휘자가 된 이후 편안하고 안정적인 대우에 만족하며 그 자리에 그대로 머물렀더라면 저는 공무원 같은 지휘자가 되어 아무런 모험심도 상상력도 발휘하지 못한 채 그렇게 늙어갔을 겁니다.

하지만 저는 열악하기 짝이 없던 수원시향을 스스로 찾아 들어갔고 몇 년 뒤에는 유로아시안 필하모닉 오케스트라라는 최초의 벤처 오케스트라를 만들어 독립함으로써 누구의 눈치도 보지 않고, 광야 같은 세상에서 살아남기 위해 끊임없이 실험하고 도전하고 상상하며 새로운 음악의 길을 모색할 수 있었습니다. 홀로 서고자 하는 독립심이 없으면, 다시 말해서 늘 무엇인가에 의존하고 안주하고자 한다면 무한한 상상력을 발휘하기가 매우 어렵습니다.

"여러분 한 사람 한 사람이 다 지휘자라고 생각하고 오케스트라를 바라보십시오."

저는 기회 있을 때마다 단원들에게 이렇게 이야기합니다. 나는 바이올린 연주자니까 바이올린만 잘하면 되지, 우리는 플루트 파트니까 플루트 연주에만 집중하면 되지, 이렇게 생각하면 안 된다는 말입니다. 내 연주, 우리 파트는 물론 동료의 연주와 다른 파트의 음악, 나아가 오케스트라 전체의 화음을 함께 생각하고 고민하는 사람이 곧 독립심을 가진 사람이며, 이런 사람에게서 창의적 상상력이 샘솟는 법입니다. 그런 사람이 훌륭한 연주자도 될 수 있고 지휘자도 될 수 있습니다. 리더란 조직원이 전체를 바라보고 상상할 수 있도록 도와주는 사람입니다.

반면 상상력을 발휘하는 데 가장 걸림돌이 되는 것은 규칙대로, 매뉴얼대로만을 외치는 풍토입니다. 규칙과 매뉴얼은 물론 중요하지요. 단계적으로 일을 진행할 때, 어려운 문제에 부딪혔을 때, 위급한 상황이 발생했을 때, 아주 특별한 일이 터졌을 때 규칙과 매뉴얼은 해결책을 찾는 중요한 지침이 됩니다. 그러나 무슨 일이든 규칙과 매뉴얼에만 의존해 여기서 벗어나는 것은 시도할 생각조차 하지 않고, 다른 상상력을 동원하는 걸 원천적으로 금기시한다면 이건 정말 큰 문제가 아닐 수 없습니다.

사회 모든 부분에 있어 구체적인 규칙과 매뉴얼조차 갖춰지지 않은 사회를 미개한 사회라 하고, 규칙과 매뉴얼은 갖춰져 있으나

오로지 이에만 의존하는 사회를 미성숙한 사회라 한다면 규칙과 매뉴얼이 잘 갖춰져 있지만 이를 뛰어넘는 자유로운 상상력과 창의성이 언제든 발휘될 수 있는 사회를 성숙한 사회라고 할 수 있을 것입니다.

"첼로 파트 연습 끝났으니 다른 파트 연습할 때 나가서 쉬어도 좋습니다."
"2번 트럼펫 연주자는 다른 파트 신경 쓰지 말고 자기 파트에나 집중하세요."

이런 말은 오케스트라 지휘자라면 절대로 해서는 안 될 말이랍니다.

"자네는 말단 직원답게 일할 것이지, 왜 대리, 과장이 할 일에 신경을 쓰고 그러나?"
"마케팅 2팀은 자기 팀 일이나 잘하란 말이야. 왜 다른 부서 일까지 참견하고 그래?"

이런 말 역시 CEO가 결코 입에 담아서는 안 될 말이지요. 오케스트라와 회사의 화음을 깨는 것은 물론 개개인이 가진 창의력과 상상력을 제한시키는 언사이기 때문입니다. 신입 단원이라도 내가 지휘자라는 생각을 가지고 오케스트라 전체를 바라보게 되면 당장 무엇을 해야 할지, 어떤 걸 고쳐야 할지, 우리에게 부족한 게 뭔지, 더 멋진 연주를 위해 어떤 준비가 필요한지가 눈에 들어오게 돼 있습니다. 유쾌한 상상력이 샘솟는 것이죠.

그러나 나는 신입 단원이니까 시키는 일이나 잘하면 되지, 나 연습하기도 바쁜데 다른 데 신경 쓸 겨를이 어디 있어, 라고 생각하고 자신의 위치를 한정 지으면 아무것도 보이지 않을뿐더러 어떠한 상상력도 발휘할 수 없게 됩니다.

기업도 마찬가지입니다. 말단 직원이라도 언제나 내가 이 회사의 CEO라는 자세를 가지고 회사 전체를 바라보게 되면 나와 팀과 우리 부서, 동료와 다른 팀과 부서의 일들, 나아가 회사 여러 분야의 상황들이 파악되게 마련입니다. 새로운 제품에 대한 아이디어나 업무 개선, 또는 기획의 상상력에 날개가 달리게 되지요.

하지만 말단 사원 주제에 내 할 일이나 잘하면 그만이지 뭐, 시키지도 않은 일에 괜히 나섰다가 찍히면 안 하느니만 못한 꼴이 날게 분명해, 하고 지레 포기하며 선을 그어버리면 어떤 창의력이나 상상력도 솟아나기 어렵습니다.

'이 곡을 만들 때 작곡가의 심정은 어땠을까? 기분이 좋았을까,

나빴을까?'

'이 부분은 왜 꼭 이렇게 연주를 해야만 하지? 좀 다르게 연주하는 방법은 없을까?'

'음악회는 왜 대부분 두 시간 남짓 연주를 할까? 30분 또는 다섯 시간짜리 연주회는 안 될까?'

'콘서트홀 말고 시장이나 골목, 길거리, 공원, 주차장 같은 데서 연주회를 하면 어떨까?'

'클래식 연주회는 왜 근엄하고 딱딱해야 하지? 좀 더 즐겁고 흥겨운 분위기는 안 될까?'

'미술과 발레와 국악 등을 접목시킨 퓨전 클래식 콘서트는 불가능할까?'

'섬이나 오지를 찾아가서 주민들을 위해 클래식 음악회를 여는 건 어떨까?'

'파리나 베를린이나 뉴욕에 가서 그들에게 우리 연주자들의 음악을 들려주는 건 어떨까?'

'공연이 끝나면 왜 지휘자가 제일 먼저 나가는 거지? 맨 나중에 나가면 이상한가?'

언론에서는 저를 대한민국 국민들이 가장 좋아하는 지휘자라고도 하고, 예술 경영으로 성공한 CEO라고도 하며, 클래식 음악계의 스티브 잡스 또는 돈키호테라고도 합니다. 만약 그게 사실이라면 저를 그렇게 만든 건 쉴 새 없이 쏟아지는 이와 같은 유쾌한 상상력 덕분이라고 할 수 있습니다.

리더의 상상력이
조직을 바꾼다

● 　　　　　　　　　 레너드 번스타인에 관한 재미있
는 일화가 있습니다. 1932년 캐나다에서 태어난 글렌 굴드는 세 살
때 악보를 읽고 다섯 살 때 작곡을 시작한 절대음감을 지닌 천재 피
아니스트였습니다. 하지만 어떤 곡이든 자신의 방식대로 연주했기
때문에 같은 곡도 어떨 때는 지나치게 빠르게 연주하고 어떨 때는
어이없을 만큼 느리게 연주했지요. 다른 연주자들이 4분가량 연주
하는 곡을 10분이 넘게 느릿느릿 연주하기도 했고, 2분도 안 되는
시간에 연주를 마치기도 했답니다.

　1960년 미국 뉴욕에 있는 카네기 홀에서 번스타인과 굴드가 베
토벤 '피아노 협주곡 4번'을 협연하게 됐습니다. 이때 두 사람은
곡 해석을 두고 마찰을 빚었습니다. 번스타인은 힘차고 역동적으로
빠르게 연주하기를 원했지만, 굴드는 서정적으로 느리게 더 느리게

음미하듯 연주하기를 원했던 것이죠. 당대의 두 거장이 저마다 자기 방식을 고집하며 말다툼을 벌였지만 결론이 나질 않았습니다. 하는 수 없이 시간이 돼 그냥 연주를 시작할 수밖에 없었습니다. 굴드의 피아노 연주는 언제 끝날지 모를 정도로 느려 터지게 이어졌지요. 속이 부글부글 끓던 번스타인은 드디어 굴드의 연주가 끝나자 관객을 향해 돌아서서 이렇게 말하며 그를 비꼬았습니다.

"여러분, 오늘따라 유난히 음악이 너무 늘어진다고 느끼셨다면 기꺼이 양해를 해주시기 바랍니다. 굴드가 원하는 속도에 맞추다 보니 어쩔 수 없이 그렇게 된 것뿐입니다."

이 말을 들은 청중들은 어떤 반응을 보였을까요? 번스타인의 손을 들어줬을까요, 아니면 굴드의 손을 들어줬을까요? 청중들은 두 사람 모두를 향해 뜨거운 환호를 보내주었답니다. 두 천재 음악가의 무한한 상상력과 창의력을 한자리에서 실컷 감상했으니 어찌 기쁘지 않았겠습니까?

클래식이 어렵다고 느껴지는 이유 중 하나는 악보에 기록된 알 수 없는 악상기호들 때문입니다. 악상기호는 복잡하고 어려워 보이지만 단순하게 생각하면 작곡자의 곡에 대한 상상력을 다른 사람들이 알아볼 수 있도록 표시한 것뿐입니다. 이를 보고 연주자와 지휘자들이 각자 자기만의 방식으로 상상력을 발휘해 연주하고 지휘하면 그게 정답인 것이지요. 작곡자의 의도와 악보의 원형을 무시해서도 안 되지만 너무 여기에만 얽매여서도 안 됩니다. 작가가 자기가 쓴 소설을 직접 평가하고 해석한다고 해서 평론가나 독자들이 평가하고 해석한 것보다 더 낫거나 옳다고 볼 수는 없습니다. 문자와 행간, 플롯과 서사 속에서 어떻게 느끼고 반응하는가 하는 것은 전적으로 개인의 자유이기 때문이죠.

음악도 이와 같습니다. 작곡자가 곡 안에 자기만의 상상력을 토해냈다면 연주자는 이를 보고 자기만의 상상력으로 새로운 음악을 만들어내야 하며, 지휘자는 악보와 연주에 자기만의 상상력을 더해 또 하나의 신세계를 만들어가는 것입니다. 피아니스트가 허공을 향해 머리를 흔들며 건반을 두드리거나, 바이올리니스트가 눈을 감고 오만상을 한 채 활을 그어대거나, 지휘자가 껑충 뛰어올라 지휘봉을 하늘 높이 휘두르는 것 등은 자기만의 음악적 상상 속에 깊숙이 몰입돼 있다는 증거이기도 합니다.

조직의 리더로서 지도력을 발휘하거나 기업의 CEO로서 경영에 임하는 것도 마찬가지입니다. 구성원들이 목표를 공유하고 자발적으로 브레인스토밍에 참여하게 만드는 것, 의사 결정 과정에서 소외되는 구성원이 없도록 치열한 토론을 통해 책임과 권한을 적절히 배분하는 것, 새로운 제품을 개발하는 일이 게임을 하는 것처럼 신나는 일이 되게 하는 것, 회사란 늘 엉뚱한 아이디어를 제안하고 구현할 수 있는 가능성의 공간이라는 인식을 갖도록 하는 것 등은 모두 리더나 CEO가 가진 상상력의 크기와 범주에 따라 결정된다고 해도 과언이 아닙니다.

애석하게도 한국의 대학과 기업은 활발한 토론 문화가 형성돼 있지 않으며, 누구나 자유롭게 창의력과 상상력을 발휘할 수 있는 풍토가 마련돼 있지 않습니다. 오랫동안 유지돼온 위계질서와 상명하복의 전근대적인 문화와 풍토가 21세기 들어서도 전혀 바뀌지 않은 채 고스란히 이어져 오고 있기 때문이지요. 국제 학회에 나가면 다른 나라 연구자들과 어울려 질문이나 토론에 나서지 않고 조용히 자리만 지키다 돌아오고, 연구실에서도 하급생이나 막내는 궂은일만 도맡아 하면서 시키는 일이나 해야 하는 상황이랍니다.

언론에서 종종 미국 대통령이 백악관에서 노타이 차림으로 책상에 걸터앉아 참모들과 토론에 열중하는 장면이 보도되곤 합니다. 대통령의 참모들은 세상에서 가장 막강한 권력을 가진 사람 앞에서 조금도 주눅 들지 않고 다리를 꼬거나 팔짱을 낀 채 자신들의 의사를 자유롭게 표현합니다. 이런 게 바로 미국의 힘일 겁니다.

상상력은 자유로운 분위기 속에서 나옵니다. 한국의 대학과 기업에서도 최소한 토론하고, 제안하고, 아이디어를 내고, 의사 표현을 할 때는 계급장을 떼고 나이 따위도 망각했으면 좋겠습니다. 1학년이든 4학년이든, 조교든 원로 교수든, 대리든 사장이든, 20대든 60대든 직급과 호칭과 나이 등을 불문하고 얼마든지 자유롭고 활발하게 자신의 생각과 아이디어를 말할 수 있고 받아들일 수 있는 문화와 풍토가 갖춰져야만 합니다. 그러기 위해서는 만나자마자 나이를 묻고, 고향을 묻고, 출신 학교를 묻고, 직급을 묻는 것을 삼가야 합니다.

저는 제가 지휘하는 오케스트라 단원들이나 제가 교장으로 있는 서울예고 학생들에게 가급적 반말을 하지 않고 높임말을 씁니다. 지휘자와 교장의 위치에 서서 그들을 내려다보는 게 아니라 인격 대 인격으로 동등하게 마주 보려고 노력하는 것이지요. 그럴 때 비로소 그들은 자신의 생각이나 아이디어를 제게 거리낌 없이 털어놓았습니다.

과감하게 도전하십시오

무모한 도전의 힘

● 　　　　　　　항상 즐거운 표정으로 지휘봉을
잡고, 웃음 가득한 얼굴로 사람들을 대하며, 화려한 연미복을 입고
무대에 서는 까닭에 제가 전혀 그늘 없이 양지에서만 살아온 줄로
아는 이들이 많습니다. 아버지가 유명한 가곡 〈그네〉의 작곡가인 금
수현이라는 사실과 서울대학교 음악대학을 졸업하고 독일 베를린
음대로 유학을 다녀온 이력만 보고 제가 고생을 모른 채 탄탄대로
를 걸어온 줄로 짐작하는 사람들도 많지요. 그러나 그렇지 않습니
다. 저에게도 견디기 힘든 시련이 있었고, 쓰디쓴 눈물을 삼키게 한
실패가 있었습니다. 첫 번째 고비는 중학교 입시 때 찾아왔습니다.

'고등학교, 대학교…… 앞으로 넘어야 할 산이 많은데, 중학교
입학시험부터 떨어졌으니 창피해서 어떻게 얼굴을 들고 다니지?
부모님과 친구들은 또 무슨 낮으로 대한단 말인가?'

나름대로 자신이 있었건만 중학교 입시에서 보기 좋게 낙방하고 말았습니다. 당시 가장 입시 경쟁이 치열했던 경기중학교에 시험을 치렀다가 떨어진 것입니다. 하늘을 찌르던 자존심이 순식간에 땅바닥으로 곤두박질쳤습니다. 하는 수 없이 저는 당시 신설 학교였던 경희중학교에 입학했답니다.

고등학교 입시 때 두 번째 고비가 찾아왔습니다. 실수는 한 번뿐이라는 각오로 남모르게 이를 악물고 시험 준비를 했습니다. 고등학교 때는 단번에 원하는 학교에 합격해 중학교 입시 때 맛봤던 굴욕을 멋지게 되갚아주리라 다짐했지요. 그런데 또다시 낙방의 고배를 들고 말았습니다. 수재들만 들어간다는 경기고등학교 문턱을 넘어서지 못한 것입니다. 눈앞이 캄캄했습니다.

'한 번도 아니고 연거푸 이게 무슨 치욕이란 말인가? 이제 나는 어떻게 되는 것인가?'

저는 도저히 집 밖을 나설 수가 없었습니다. 부모님 뵐 면목도 없었고, 친구들을 만날 자신도 없었습니다. 한창 감수성이 예민하던 사춘기 시절 연이은 입시 실패는 제게 견디기 힘든 수모였으며 고난이었습니다. 집 안에만 틀어박혀 있던 제게 어느 날 아버지께서 넌지시 말을 건네셨습니다.

"툭툭 털어버려라. 인생은 길다. 그러지 말고 서울예고에 한번 응시해보면 어떻겠니?"

작곡가 아버지 덕분에 일찍이 피아노를 배웠고, 어려서부터 클래식 음악과는 너무도 친숙했기에 저는 아버지 뜻을 받아들여 작곡과에 지원을 했습니다. 하지만 이마저도 이미 서울예고 입시가 끝난 상태라서 1차 합격자 중 결원이 생겼을 때 보충하는 2차 추가 모집에 지원하게 됐습니다. 시험을 치른 결과 합격이었습니다. 제 음악 인생은 이렇게 극적으로 전개됐습니다.

깜깜한 동굴에도 빛이 들 때가 있고, 위기 속에서도 기회는 찾아오는 법이에요. 어린 나이에 경험한 두 번의 입시 실패는 저를 더욱 옹골차게 단련시켰습니다. 그리고 실패라고 여기던 곳에서 오히려 저는 성공의 씨앗을 일구게 됐습니다. 경희대학교에서 설립한 경희중학교는 외국어 교육에 심혈을 기울이는 학교였습니다. 저는 그곳에서 우연한 계기로 영어 공부에 몰입하게 됐고, 교내 영어 웅변대회에서 전교 1등을 차지할 수 있었습니다. 그 일로 저는 커다란 성취감을 맛보며 도전 정신을 갖게 됐고, 제가 활동할 무대는 전 세계라는 사실을 깨닫게 됐습니다.

서울예고를 다니면서 저는 인문계 고등학교에 가지 않은 게 참 다행이라고 생각했습니다. 자유롭고 반항적이며 개성이 강한 저에게는 서울예고의 학업 방식과 분위기가 잘 맞았던 것입니다. 학교 가는 게 즐거웠고, 친구들을 만나는 게 신이 났지요. 두 번의 입시 실패로 인한 마음의 상처는 시나브로 아물었습니다. 지금은 서울예고가 평창동에 있지만 제가 다닐 때는 정동에 있었답니다. 어느 날 이화여중에서 합창 대회를 한다며 지휘를 맡아줄 사람을 보내달라고 우리 학교에 요청해왔습니다. 저는 드디어 기회가 왔다는 생각에 앞뒤 가릴 것 없이 내가 하겠다며 자원하고 나섰습니다. 그렇게 해서 저는 생애 처음으로 지휘봉을 잡게 됐습니다. 만약 제가 입학 시험에 낙방하지 않고 가고 싶은 학교에 척척 합격했더라면 지금 어떻게 됐을까요? 한 번의 실패도 맛보지 않았기에 좋은 학교를 다닌다는 생각으로 오만 방자한 삶을 살았을지도 모릅니다. 클래식 음악의 아름다움에 심취해 하루하루 행복한 시간들을 보내고 있는 지금과 달리 예술과 관계없는 전혀 다른 길을 걷고 있을지도 모르지요. 두 번의 쓰라린 실패를 통해 저는 비로소 새로운 꿈을 갖게 됐고, 제가 가야 할 길을 발견하게 됐으며, 시련을 딛고 다음 목표를 향해 도전할 수 있는 강인한 정신과 의지를 갖출 수 있게 됐습니다.

"포기하지 않을 용기만 있다면, 우리의 꿈은 모두 이룰 수 있습니다."

애니메이션의 대명사인 월트 디즈니가 남긴 말입니다. 경영자이자 연출가이고 제작자였던 그는 불우한 가정에서 태어나 수많은 실패를 경험했지만 이를 극복하고 한 시대와 장르를 개척한 전설적 인물입니다. 그는 돈과 명예를 좇지 않았습니다. 그가 추구한 것은 언제나 새로운 꿈이었고, 그것을 향한 끝없는 도전이었습니다.

행동하지 않았다면

대학에 입학한 후 저는 오케스트라를 만드는 일에 착수했습니다. 지휘자가 되고 싶었지만 지휘하는 법을 가르쳐주는 곳은 없었지요. 제가 입학한 작곡과에서는 작곡 이론이나 피아노만 가르칠 뿐이었답니다. 결국 지휘는 스스로 알아서 배워야 했습니다. 저는 서울예고 졸업생들을 찾아다니며 대학생 오케스트라가 왜 필요한지 설득하기 시작했습니다. 그렇게 해서 여러 대학에 다니는 동창들 스무 명가량으로 구성된 '서울 영 앙상블' 이라는 오케스트라를 출범시켰습니다.

연습실이 문제였습니다. 마땅한 곳이 없다 보니 여기저기 옮겨 다니며 연습을 해야 했죠. 여간 불편한 게 아니었습니다. 그 무렵 저는 음반과 악보를 빌릴 일이 많아 광화문에 있는 미국 공보원 도서실에 자주 들렀습니다. 그런데 가만히 보니 1층 도서실과 3, 4, 5층 영어 스터디 장소는 늘 학생들로 붐비는데, 2층 강당은 매번 굳게 닫혀 있었습니다. 저는 그 강당을 연습실로 쓰면 딱 좋겠다는 생각을 했습니다. 하루는 용기를 내서 8층 사무실을 찾아가 책임자인 테너 씨를 만났어요. 이름이 테너라 그런지 친근감이 들었습니다. 저는 제 소개를 한 다음 그에게 강당을 대학생 오케스트라의 연습실로 쓰고 싶으니 허락해달라고 요청했습니다. 물론 사용료 없이 무료로 쓰게 해달라는 것이었죠. 그는 뭐 이런 당돌한 학생이 다 있나 하면서도 무심한 표정이었습니다.

"강당을 단지 연습실로만 쓰려는 게 아닙니다. 열심히 연습해서 두 달에 한 번씩 연주회를 할 계획입니다. 모차르트나 베토벤뿐 아니라 미국의 다양한 음악을 함께 소개하려고 합니다."

제 제안에 그의 얼굴빛이 달라졌습니다. 심드렁한 표정은 간데없고 환한 표정으로 웃는 게 아닙니까?

"That's good idea!"

공보원은 한국에 미국을 소개하고 알리는 일을 하는 곳입니다. 따라서 대학생들이 이곳에서 정기적으로 미국 음악을 연주해 한국인들이 미국 문화에 대해 더 많이 알게 되고 친숙해진다면 그들로서는 대환영일 수밖에 없는 일이었어요. 그렇게 반년이 지났을 즈음 테너 씨는 제게 음악회 반응이 너무 좋다며 서울뿐 아니라 광주, 부산 등에 있는 미국 문화원에서도 연주회를 해줄 수 있겠느냐는 제안을 해왔습니다. 물론 모든 비용은 자기들이 대겠다는 것이었습니다.

"That's good idea!"

저 역시 이렇게 대답했어요. 연습할 곳을 찾지 못해 지푸라기라도 잡는 심정으로 미국 공보원 책임자인 테너 씨를 만나 사정했던 것인데, 번듯한 연습실을 무료로 사용하게 된 것은 물론 두 달에 한 번씩 정기 연주회를 갖게 됐고, 미국 공보원의 경비를 받아가며 전국 순회 연주회까지 할 수 있게 됐으니 꿈만 같은 일이었습니다. 이렇게 해서 서울 영 앙상블은 부산, 대구, 광주를 비롯해 판문점까지 순회 연주를 하게 됐습니다. 당시 미국 문화원에서 발행하는 잡지에 서울 영 앙상블의 연주회 소식이 커버스토리로 소개되기도 했으며, 이것이 계기가 돼 미국 공보원에서 수여하는 어워드 오브 메리트상을 받기도 했습니다.

아무도 저에게 지휘하는 방법을 가르쳐주지 않았을 때 저는 직접 오케스트라를 만들어 지휘자가 되는 길을 찾아 나섰습니다. 연습할 공간이 없어 애를 먹을 때도 최적의 장소를 발견해 당당히 협상함으로써 일방적으로 혜택을 받는 게 아니라 상호 간에 필요한 것을 주고받을 수 있었습니다. 행동하지 않았다면, 과감하게 도전하지 않았다면 결코 얻을 수 없는 것들이었습니다.

 실패가 거듭될 때

대학을 졸업한 뒤 서울예고에서 교편을 잡게 됐지만 지휘자가 되는 길은 여전히 안개 속이었습니다. 그러던 어느 날 교장 선생님 대신 세계청소년음악연맹이 주최하는 국제회의에 참석하게 됐습니다. 스웨덴 스톡홀름에서의 일정이었지요. 외국에 나가는 일이 쉽지 않았던 당시로서는 대단한 행운이었습니다. 저는 회의를 마무리 짓자마자 비행기를 타고 베를린으로 날아갔습니다. 지휘 공부에 필요한 자료도 구하고, 유학에 관한 정보도 얻기 위해서였어요. 하지만 베를린에 도착하자 내 마음은 요동치기 시작했습니다. 자료나 정보만 가지고는 만족할 수가 없었답니다.

저는 베를린예술대학교 음대를 찾아가 지휘를 가르치는 라벤슈타인 교수의 연락처를 알아내 다짜고짜 전화를 걸어 제 소개를 한

후 만나달라고 부탁을 했습니다. 다음 날 그를 처음 만났을 때 그는 제게 피아노를 한번 쳐보라고 했습니다. 당황했지만 바흐의 〈이탈리안 협주곡〉과 베토벤의 〈비창〉을 연주했습니다. 그랬더니 이번에는 자신이 피아노를 칠 테니 지휘를 해보라고 했습니다. 어떻게 지휘를 했는지조차 모를 정도로 긴장한 제게 마지막으로 청음 테스트를 했습니다.

"재능이나 자질은 괜찮은 편이지만 지휘를 공부하기에는 나이가 너무 많군. 뭐 그래도 아직 서른 살을 넘지는 않았으니 입학은 할 수 있겠는걸. 입학만 한다면 한번 가르쳐보지."

라벤슈타인 교수의 이 말 한마디가 제 인생을 바꿔놓았습니다. 저는 전후 사정을 따져보지도 않고 베를린에 눌러앉아 공부하기로 결심했습니다. 다시 한국에 가서 차분히 준비한 다음 돌아오려면 또 얼마나 많은 시간이 흘러갈지 알 수 없었기 때문입니다. 기회가 왔으니 잡아야만 했습니다.

"저는 지휘를 공부하기 위해 이곳에 남기로 마음먹었습니다. 교장 선생님께 말씀 좀 잘해주시고 사직원을 제출해주십시오. 다른 건 제가 알아서 하겠습니다. 걱정하지 마십시오."

곧바로 아버지께 편지를 보냈습니다. 마침 베를린에 친척 한 분이 살고 계셔서 거기 머물며 입학시험을 준비했지요. 일생일대의 순간이었지만 결과는 불합격이었습니다. 이론 시험은 그런대로 잘 치렀는데 피아노 실기 시험을 망쳤기 때문이었어요. 제 인생에서 맛본 세 번째 실패의 쓴잔이었답니다. 제대로 준비하지 않은 채 치른 시험이었기에 낙방은 당연한 결과였습니다. 난감했습니다. 학교에 당당히 사직원을 내고, 아버지께 호언장담하는 편지를 보냈건만 베를린 음대 문턱조차 넘지 못했으니 여간 참담한 게 아니었습니다. 게다가 학생 신분이 아니면 체류 비자를 받을 수 없기에 1회용 단수여권을 가지고 있던 저는 귀국하는 수밖에 다른 방법이 없었습니다.

"낙심하지 말게. 청강생으로 강의를 들으면서 다음 학기에 다시 시험을 치르면 되니까."

라벤슈타인 교수는 실의에 빠진 저를 다독여줬습니다. 그때 그는 이런 말도 들려줬습니다.

"사람들은 나중에 자네가 훌륭한 지휘자가 됐을 때 비로소 관심을 가질 뿐, 지금의 실패에는 별로 관심을 두지 않아. 자네의 1974년이 어땠는지 누구도 기억하지 않는다는 말일세."

저는 청강생으로 등록한 후 다음번 시험을 위해 사생결단하며 공부에 매진했습니다. 목숨을 걸고 무언가에 몰입한다는 게 무엇인지 제대로 실감할 수 있었지요. 음대 피아노 연습실에서 살다시피 했습니다. 밤을 꼬박 새워 공부한 다음 아침햇살을 맞으며 학교 문을 나선 적도 한두 번이 아니었습니다. 낯선 독일 땅에서 늦깎이 수험생인 동양 청년이 홀로 고군분투하는 모습이 안쓰러웠는지 동료 학생들이나 교수들이 너나없이 친절하게 대해줬습니다. 이듬해 저는 베를린 음대 지휘과에 정식으로 입학할 수 있었습니다. 무모한 도전 끝에 맛본 달콤한 희열이었습니다.

콩쿠르형 인재와
벤처형 인재

서울 도봉구에는 '서울열린극장 창동'이라는 공연장이 있습니다. 동북부 지역 시민들이 양질의 공연을 쉽게 접할 수 있도록 2004년에 건립한 천막 극장이죠. 2008년에는 우리가 초청을 받아 브런치 콘서트를 한 적이 있습니다. 800석 규모의 극장에서 1년에 여섯 차례 공연을 한다는데, 유로아시안 필하모닉 오케스트라에서 챔버 규모로 편성해 모두 두 차례 공연을 가졌습니다.

그런데 2009년에 극장에서 또 연락이 왔습니다. 1년에 여섯 번 하는 공연 전부를 우리가 맡아달라는 것이었어요. 저는 다른 연주 단체도 있는데, 우리가 다 할 필요가 있느냐고 물었습니다.

"지난 공연이 끝나고 나서 인터넷으로 수백 명의 주민들이 건의를 했습니다. 다른 공연도 좋았지만 유로아시안 챔버 오케스트라의 브런치 콘서트가 제일 좋았다는 겁니다. 그래서 2009년에는 다른 데 말고 유로아시안 챔버 오케스트라에서 와서 1년 내내 공연을 해 달라는 것이죠. 주민들이 이렇게 요구를 하니 저희들이 어쩌겠습니까? 그러니 제발 부탁드립니다."

이렇게 해서 2009년에는 열린극장 창동에서 개최되는 브런치 콘서트 여섯 번을 모두 우리가 맡아 진행하게 됐습니다. 첫 번째 공연에서 저는 청중들에게 진심 어린 감사를 전했습니다.

"이 무대에 다시 오르게 돼 기쁩니다. 여러분들이 제게 뜨거운 애정을 주셨습니다. 비록 이 극장이 천막일망정 저는 클래식 음악을 사랑하는 여러분들이 아주 자랑스럽습니다. 오늘은 챔버 오케스트라가 왔지만 다음에는 풀 편성 오케스트라와 합창단까지 와서 이 역사적인 천막 극장에서 베토벤 교향곡 9번 〈합창〉을 연주할 수 있게 된다면 정말 좋겠습니다."

천막으로 지어진 극장에서 100명 넘는 출연자들이 〈합창〉 교향곡을 연주할 수 있을까요? 마침 그 자리에는 극장장도 있었습니다. 그도 좋아했습니다. 하지만 예산이 부족하니 재단에서 추가 지원을 받아보겠다고 했지요. 열린극장 창동은 서울문화재단이 운영하고 있었습니다. 얼마 후 연락이 왔어요. 예산을 받지 못했다고 했습니다. 이쯤 되면 누구나 계획은 물거품이 된 거라고 생각할 겁니다.

그러나 모든 일은 완전히 끝날 때까지 끝난 게 아니랍니다. 우연한 기회에 한 기업의 CEO와 식사할 일이 있었는데, 그 자리에서 이 이야기를 꺼냈더니 사정을 이해하고는 선뜻 5,000만 원을 후원하기로 한 것이에요. 마침내 2009년 12월 20일 열린극장 창동에서 유로아시안 필하모닉 오케스트라 전체가 참여해 '홈플러스와 함께하는 송년 음악회'를 열 수 있었고, 천막 안에 모인 청중들은 베토벤 교향곡 9번 〈합창〉을 마음껏 감상할 수 있었습니다.

아무리 뛰어난 연주회장이 있더라도 청중들이 없다면 무용지물에 불과합니다. 하지만 청중들이 있다면 연주회장이 다소 열악하더라도 그 연주회장에서는 최고의 음악이 연주될 수 있습니다. 열린극장 창동에서의 콘서트를 통해 저는 이런 사실을 더 확실히 알게됐습니다. 그리고 진정한 CEO란 불가능해 보이는 일에 도전해 가능성을 만들어내는 일을 하는 사람이며, 문화 예술계의 CEO란 기업과 정부와 청중을 연결해 문화 예술에 목마른 사람들을 찾아가 최고의 공연을 통해 갈증을 풀어주고 행복을 창조해내는 일을 하는 사람이라는 걸 깨달았습니다.

CEO로서 지금까지 제가 경험한 것에 따르면 조직에 꼭 필요한 사람은 말 잘 듣는 사람이 아니라 상상력이 풍부하고 도전을 두려워하지 않는 사람입니다. 저는 지금까지 오케스트라의 단원을 선발할 때 학벌이나 스펙보다는 그 사람의 내면을 오롯이 들여다보려고 노력해왔습니다. 좋은 학교를 나와 외국 유학을 다녀오고 내로라하는 콩쿠르에 입상했느냐 아니냐를 가지고 단원을 선발하는 게 아니라 이 사람이 얼마나 음악에 대한 열정을 품고 있으며 좋은 음악가로 성장할 잠재력을 지니고 있느냐를 파악하려고 애를 썼습니다. 오케스트라에 필요한 인재는 단순한 연주 기술자가 아니기 때문입니다.

"저는 콩쿠르형 인재는 사절합니다. 변화와 혁신을 두려워하지 않는 벤처형 음악인이라면 언제든 환영입니다. 기존 오케스트라와는 완전히 다른 값진 경험을 할 수 있을 겁니다."

신입 단원을 모집할 때마다 제가 하는 말입니다. 저는 심층 인터뷰를 통해 열정과 철학을 가진 인재를 선발해 차세대 음악계 리더로 성장할 수 있도록 돕는 역할을 하고 있습니다. 오케스트라 운영 방식에도 변화를 줘서 근무 시간을 탄력적으로 시행하고, 제가 기획한 각종 음악회에 참여해 경험도 쌓으면서 다양한 인센티브를 받을 수 있도록 하며, 외부 연주 활동에 대해서도 개방적인 분위기를 만들려 하고 있지요. 단원들이 음악적 성장을 위해 자신만의 시간을 확보할 수 있어야 하며, 일정이 중복되지 않는 한 다른 오케스트라나 실내악단에서 활동하는 것도 자유로워야 한다는 게 제 생각이랍니다. 이런 시도들이 지속적으로 이뤄져야만 우리나라에서도 실험 정신과 도전 정신을 가진 음악가들이 배출될 수 있을 것입니다.

리더의 역할은
어디까지?

●　　　　　　　　　　　클래식 음악 지휘자가 왜 그렇게
텔레비전에 자주 등장하느냐고 제게 묻는 사람이 있습니다. 음악계
내부나 평론가들 사이에서는 제가 텔레비전에 빈번하게 출연하는
데 대해 점잖지 못하다며 곱지 않은 시선을 보내는 이들도 있지요.

그러나 저는 텔레비전만큼 대중들에게 쉽게 다가갈 수 있는 수
단이 없다고 보기 때문에 앞으로도 기회가 닿는 대로 좋은 프로그
램에 계속해서 출연할 생각입니다. 제가 유명해지기 위해서가 아
닙니다. 보다 많은 사람들에게 다가가 클래식 음악을 알리고, 대중
과 클래식 음악 사이에 존재하는 벽을 허물기 위해서랍니다. 아무
리 1년에 수백 회씩 연주회를 다니며, 시장이나 길거리에서 콘서트
를 진행한다 해도 청중을 직접 만나 음악을 들려주고 이야기를 나
누는 데는 분명 한계가 있습니다. 제가 중학생 때 AFKN을 통해 번

스타인의 '청소년 음악회' 중계방송을 보며 클래식 음악에 눈뜨고 지휘자의 꿈을 키웠던 것처럼 다른 사람들도 제가 출연하는 방송을 보며 이런 꿈을 꾸게 되리라 믿습니다.

2012년 가을에 방송된 KBS2 TV 해피 선데이 〈남자의 자격〉이라는 프로그램에 출연해 '패밀리 합창단'을 지휘했던 일은 아직도 즐거운 기억으로 남아 있습니다. 감동적인 이야기를 가진 여러 가족들이 이 합창단에 참여해 혹독한 연습을 통해 아름다운 화음을 만들어냈습니다.

항상 손을 꼭 잡고 다니던 윤종배 씨와 권희정 씨의 사연은 시청자들을 감동의 도가니로 몰아넣기에 충분했지요. 윤종배 씨는 2년 전 병원에서 시신경 위축이라는 진단을 받은 뒤 갑자기 한쪽 눈의 시력을 상실해 겨우 빛 정도만 구분할 수 있게 됐다고 했습니다. 인생 앞에 들이닥친 엄청난 시련이었지만 이 두 사람은 사랑의 힘으로 서로를 위로하고 세워줬습니다.

"시력을 잃은 뒤 고민을 많이 했습니다. 예전에는 대수롭지 않았던 일이 이제는 어렵게 노력해야 겨우 얻어낼 수 있는 일이 됐죠. 여자 친구에게도 너무 미안했고요. 제가 생활인으로서 무엇을 할 수 있을까 많은 걱정을 했습니다. 그러다가…… 합창단이라면 할 수 있을 것 같았어요. 여자 친구와 추억도 쌓고요. 저는 음악을 듣거나 노래를 부를 때 제가 장애인이라는 사실을 잊게 됩니다. 가장 행복한 순간이죠. 요즘은 꿈이 있어서 행복합니다."

맹학교에서 성악을 전공하게 됐다는 윤종배 씨가 오디션 당시 했던 말입니다. 음악은 불행한 현실을 행복한 순간으로 바꿔주는 참으로 신비로운 힘을 지닌 존재죠. 우리가 음악을 하는 이유를 윤종배 씨와 권희정 씨를 보며 다시 한 번 깨달을 수 있었답니다. 두 사람은 방송 이후 약 3년이 지난 2015년 2월 7일 많은 사람들의 축복 속에 마침내 결혼식을 올렸습니다.

흡수 장애 증후군이라는 희귀병을 앓고 있는 송예린, 송민성 남매의 출연도 주목을 받았습니다. 음식을 먹을 수 없기에 평생 가슴에 주삿바늘을 꽂은 채 영양제를 맞으며 살아야 하는 이 병은 전 세계에 10만 명, 우리나라엔 단 세 명밖에 없다고 합니다. 그 셋 중 둘이 이 남매인 것입니다. 아이들에게 더 넓은 세상이 있다는 걸 보여주기 위해 출연 신청을 했다는 엄마의 바람대로 남매는 힘겨운 호흡을 이어가면서도 〈꿈꾸지 않으면〉이라는 동요를 불러줬습니다.

"꿈꾸지 않으면 사는 게 아니라고. 별 헤는 마음으로 없는 길 가려네. ······ 아무도 가지 않는 길 가는 우리들. 누구도 꿈꾸지 못한 우리들의 세상 만들어가네."

이 남매에게 꿈이 있고, 아무도 가지 않는 길을 별 헤는 마음으로 걸어가려는 도전 정신이 있다면 세상 그 누가 내게는 꿈이 없고, 아무것도 도전할 수 없다고 말할 수 있겠습니까?

이 밖에도 패밀리 합창단에는 아나운서에서 탤런트로 전향한 임성민 씨와 한 행사장에서 우연히 만난 그녀에게 반해 모든 것을 버리고 태평양을 건너온 마이클 엉거 교수, 유명 탤런트였던 고 최진실 씨의 두 자녀 환희, 준희 남매를 비롯해 배우 차태현 씨의 아버지와 탤런트 이아현 씨 가족 등이 출연해서 가슴 뭉클한 이야기들을 들려줬습니다. 저는 이들의 사연을 들으며 많은 감명을 받았고, 그 어디서도 얻을 수 없는 영감과 메시지를 얻게 됐습니다.

"저는 도전을 좋아합니다. 안 되는 것도 되게 하는 것이 제 역할이라고 생각합니다."

방송에서 제가 했던 말입니다. 눈물 없이는 들을 수 없는 굴곡진 삶의 모습을 가진 사람들이 한데 모여 음악을 통해 하나가 되면서 각자의 아픔을 아름다운 화음으로 이끌어내는 과정을 지켜보면서 저는 음악이란 이처럼 생활 속으로 들어가야 한다는 확신을 갖게 됐습니다.

2014년 연말 tvN을 통해 방영된 〈바흐를 꿈꾸며-언제나 칸타레〉도 우리 사회에 따뜻한 울림을 던져준 값진 시간이었습니다. 클래식 악기를 배웠거나 클래식 음악을 좋아했지만 여러 가지 사정상 그만둘 수밖에 없었던 사람들이 모여 피나는 연습을 통해 번듯한 오케스트라로 거듭나 청중들 앞에서 공연까지 하게 되는 프로그램이었지요. 탤런트 공형진 씨, 개그맨 박명수 씨, 아나운서 오상진 씨, 탤런트 주안 씨, 슈퍼주니어M의 헨리 씨, B.I.G.의 멤버 벤지 씨, EXID의 하니 씨, 외국에서 온 방송인 샘 해밍턴 씨와 샘 오취리 씨 등이 단원으로 참여했습니다. 저는 새로운 도전으로 잃어버린 꿈을 되찾게 해주고 싶었습니다. 또한 악보를 제대로 보지 못하거나 악기에 익숙하지 않더라도 누구나 자유롭게 음악을 즐길 수 있다는 메시지를 전하고 싶었습니다.

짧은 기간 동안 무대에 오를 수 있을 만큼의 실력을 갖추기란 여간 어려운 일이 아니었답니다. 하지만 젊은 출연진들의 패기와 열정은 대단했습니다. 마지막 무대에서 보여준 이들의 연주는 제가 들어도 깜짝 놀랄 수준이었어요. 베토벤 '교향곡 5번 C단조' 1악장을 연주한 데 이어 비발디의 〈사계〉 중 1악장을 벤지가, 2악장을 박하영이, 3악장을 조아라가 독주로 연주했습니다. 드보르자크의 교향곡 9번 E단조 〈신세계로부터〉, 뮤지컬 〈오페라의 유령〉 OST, 하차투리안 〈가면무도회 모음곡〉 중 '갤럽' 등도 연주됐습니다. 특히 재즈 피아니스트 신지호와 헨리의 무대가 이목을 집중시켰습니다. 음악이 주는 유쾌함의 진수를 보여준 이들은 마이클 잭슨의 팝송 〈빌리 진〉을 댄스를 곁들여 섬세하면서도 현란하게 연주함으로써 청중들에게 뜨거운 호응을 받았습니다.

방송 이후 시청자들의 반응이 워낙 좋았기 때문인지 방송국으로부터 한 번 더 하자는 연락이 왔습니다. 저는 망설임 없이 그러자고 했죠. 제가 아무리 힘들어도 대중들이 좋다면 해야 한다는 게 평소 제 지론이니까요. 〈바흐를 꿈꾸며-언제나 칸타레 2〉는 이듬해인 2015년 여름에 방영됐습니다. 두 번째 프로그램에도 박명수 씨, 오상진 씨, 이지연 씨, 이아현 씨 등이 참여했고, 헨리 씨와 벤지 씨도 함께했습니다. 새롭게 트롬본에 배우 이영하 씨, 더블 베이스에 개그맨 김준현 씨, 트럼펫에 가수 정희철 씨, 플루트에 레인보우 김재경 씨, 심벌즈에 가수 장수원 씨, 타악기에 가수 뮤지 씨 등이 합류했고요. 이들의 솔직 담백함과 재기 발랄함이 저를 유쾌하게 했습니다.

피날레 공연은 여의도 한강공원 물빛무대에서 진행됐습니다. 무더운 여름 한강으로 산책 나온 시민들과 함께하는 무대를 만들고 싶었기 때문이랍니다. 아침에 비 소식이 있어 걱정했지만 오후가 되면서 하늘은 더욱 청명해졌습니다. 오케스트라는 〈백조의 호수〉, 〈에스파냐 기상곡〉, 〈캐리비안의 해적〉 등을 차례로 연주했습니다. 가수 싸이의 〈강남 스타일〉을 편곡해 연주하는 무대에서는 모두가 배꼽을 잡기도 했으며, 광복 70주년을 기념해 편성한 〈얼의 무궁〉 연주에서는 관객들이 전부 자리에서 일어나 숙연한 표정으로 연주를 감상했습니다. 붉은 노을과 함께 어둠이 드리우면서 공연이 모두 끝났지만 단원들은 자리를 뜨지 못하고 부둥켜안은 채 울음을 터뜨렸습니다.

"그는 미국인에게는 음악을 상징하는 인물이지만 대중 이외에는 아무도 좋아하지 않는다."

지휘대의 '르네상스 맨'으로 불리던 레너드 번스타인에게는 이런 꼬리표가 따라다녔습니다. 하지만 그게 무슨 상관입니까? 대중들에게 들어가 그들과 함께 음악으로 행복을 나누며, 대중들에게 사랑받고 인정받으면서 한 시대의 클래식 음악을 상징하는 인물로 기억될 수만 있다면 말입니다.

먼저 소통하십시오

앙상블의 미학

베를린 유학 시절 감당하기 어려
울 만큼 힘들었던 학업과 더불어 저를 한층 성장시킨 것은 거의 매
일 저녁 시내에 있는 연주회장을 찾아 수준 높은 오케스트라의 다
양한 음악을 감상한 일이었습니다. 그중 저를 완전히 사로잡았던
것은 베를린 필하모닉 오케스트라였습니다. 같은 레퍼토리라도 지
휘자나 연주자가 바뀔 때마다 음악에 미묘한 변화가 있었기에 동일
한 공연을 여러 번 반복해서 감상하곤 했지요. 베를린 필하모닉 오
케스트라의 상징적 존재인 헤르베르트 폰 카라얀은 명성 그대로 대
단한 지휘자였습니다. 그에 대한 평가는 극과 극으로 나뉘지만 눈
을 지그시 감고 춤을 추듯 지휘하는 모습은 그 자체로 사람을 빨아
들이는 마력이 있었습니다.

"나는 연주회에 앞서 먼저 연습을 해둔다. 세부적 부분에 대한

철저한 습득과 기계화이다. 그런 뒤에 본 연주회 때는 단원들이 저마다 제 뜻에 맞도록 연주하게 한다. 그렇게 하면 그들도 나와 마찬가지로, 우리가 공유하고 있는 감정을 함께 나누면서 음악을 만들어나가게 된다."

연주가 기술이 아니듯 지휘도 기술이 아닙니다. 카라얀은 작곡가의 의도를 파악하며 곡을 해석한 뒤 음악에 대해 자신이 느끼는 상상력과 감정을 바탕으로 피눈물 나는 연습을 통해 지휘자와 연주자 사이에 말하지 않아도 들리고, 보지 않아도 보이는 긴밀한 소통 장치를 만들어냈던 겁니다. 이런 까닭에 그는 무대에 오르면 음악 자체에만 온전히 몰입할 수 있었습니다. 시종일관 눈을 감고 있었지만 그의 오감은 오케스트라 단원 한 사람 한 사람과 긴밀하게 교감하고 있었던 것이죠. 대규모로 편성된 오케스트라지만 작은 실내악단이 연주하는 것처럼 정밀한 소리를 낼 수 있었던 건 이런 이유에서였습니다. 이 같은 그만의 독특한 지휘는 한 치의 오차도 없이 정제된 앙상블과 눈부시게 세련된 화음으로 연주회 때마다 청중들을 매료시켰습니다.

"나는 내 머릿속에 존재하는 이상적인 오케스트라의 모습과 내 눈앞에 놓여 있는 현실 속의 오케스트라의 모습을 하나로 만들기 위해 부단히 노력한다."

제2차 세계대전이 끝난 후 카라얀은 유럽 악단에서 가장 주목받는 지휘자로 혜성처럼 등장해 오랫동안 오케스트라의 제왕으로 군림했지만 누구보다 많은 시련을 겪으며 치열하게 자기 세계를 만들어온 인물입니다. 그가 꿈꾸던 것은 생각 속에서만 가능할지도 모를 이상적인 오케스트라의 건설이었습니다. 그것은 오케스트라 단원 모두가 음악에 대한 생각을 공유하면서 빈틈없이 치밀한 연습을 거듭해야만 가능한 일이었습니다. 단원들에 따르면 리허설을 할 때 카라얀은 완벽에 가까운 지휘자였다고 합니다. 리허설은 매번 정해진 시간을 어기지 않고 신사적인 분위기 속에서 진행됐지만 그의 완벽주의자 기질 때문에 긴장감은 대단했다고 하죠. 그는 악장 미셸 슈발베와 토마스 브란디스, 클라리넷 수석 칼 라이스터 등 당대의 젊은 천재들을 영입해 자신의 수족 같은 악기로 만들어냄으로써 자신이 지향하는 음악을 실현해나갔습니다.

세상을 떠나기 5년 전인 지난 1984년, 그는 150여 명에 달하는 베를린 필하모닉 오케스트라 단원들을 이끌고 우리나라에 와서 세종문화회관 무대에 올랐습니다. 10월 27일과 29일 저녁 그는 이틀에 걸쳐 연주회를 이끌며 베토벤 교향곡 5번 〈운명〉과 6번 〈전원〉, 모차르트 '디베르티멘토 15번'과 브람스 '교향곡 1번'을 연주했습니다. 이때도 역시 그는 처음부터 끝까지 줄곧 눈을 감은 채 지휘에 열중해 어떤 사람은 그가 앞을 보지 못하는 것은 아닌가 묻는 해프닝도 있었답니다.

"여기는 카라얀이 태어난 곳이에요. 그런데 모차르트도 여기서 태어났지요."

카라얀의 고향인 오스트리아 잘츠부르크 사람들은 종종 이렇게 말한다고 합니다. 카라얀의 위상이 그만큼 대단하다는 사실이기도 하고, 잘츠부르크를 방문하는 사람 중 모차르트 생가보다 카라얀 생가를 찾는 사람이 더 많다는 증거이기도 하죠. 그를 좋아하든 그렇지 않든 간에 누구라도 인정하지 않을 수 없는 것은 그로 인해 클래식 음악은 더 많은 대중들과 소통할 수 있게 됐으며, 음반이나 영상물 제작을 통해 클래식 음악 시장은 이전에 비해 엄청나게 확장됐다는 사실입니다. 이는 그가 평생에 걸쳐 이상적인 오케스트라를 건설하기 위해 단원들과 소통하면서 다양한 방식으로 대중들과 소통하기 위해 끝없이 노력한 결과였습니다.

제가 베를린에서 공부하던 시절만 해도 클래식 음악을 배우기 위해 바다를 건너온 한국 학생은 거의 없었습니다. 유명한 국제 콩쿠르에서 입상하는 한국인 또한 드물었지요. 그러나 요즘은 유럽은 물론 미국 등지로 유학을 가는 한국 학생들이 대단히 많고, 유수의 국제 콩쿠르에서 좋은 성적으로 입상하는 한국인들이 눈에 띄게 늘었습니다. 그만큼 우리나라 클래식 음악이 발전했다는 것이기도 하고, 한국 학생들의 실력이 대단히 좋아졌다는 것이기도 합니다.

하지만 한 가지 아쉬운 점은 악기를 연주하든지 성악을 하든지 혼자서 하는 건 참 잘하는데, 실내악이나 오케스트라처럼 여럿이 힘을 모아 연주하는 것에는 굉장히 미숙하다는 사실입니다. 음악이란 조화와 균형의 예술입니다. 한 가지 악기나 하나의 소리만으로는 풍성한 음악을 만들어낼 수 없습니다. 아무리 뛰어난 실력을 가진 연주자나 천사의 목소리를 가진 성악가라 해도 몇 시간 동안 혼자서 연주하거나 노래한다면 얼마나 지루하겠습니까? 다양한 악기와 소리가 한데 어울려 조화를 이루었을 때 아름다운 화음이 탄생하는 것입니다. 그러기 위해서는 내 연주에만 신경을 쓰는 게 아니라 다른 사람의 연주에도 귀를 기울이고 존중하는 마음을 가져야 합니다. 이것이 클래식 음악을 공부하는 사람들에게 필요한 태도이며 마음가짐입니다.

서울예고 교장실 옆에 딸린 회의실 벽면에는 오스트리아의 수도 빈에서 서울예고 오케스트라가 연주회를 마치고 찍은 커다란 사진 한 장이 걸려 있습니다. 2006년 어느 날이었습니다. 당시 서울예고 서영림 교장 선생님에게서 만나자는 연락이 왔습니다. 그는 제게 서울예고 오케스트라가 빈에 가서 연주회를 하게 됐으니 아이들 지도를 좀 맡아달라고 했습니다. 저는 흔쾌히 그러마고 약속했어요. 제가 학생들 지도를 맡기로 한 것은 뛰어난 연주 기술을 가르쳐주기 위함이 아니었습니다. 음악이 우리 삶을 얼마나 윤택하고 행복하게 만들어주는지를 알려주고, 서로 힘을 모아 하나의 화음을 만들어낸다는 게 어떤 의미인지를 깨닫게 해주고 싶었기 때문입니다.

2007년 6월 7일 저녁 7시 30분 서울예고 유스 심포니 오케스트라는 무지크페라인 골든 홀 무대에 올랐습니다. 해마다 전 세계로 중계방송되는 빈 필하모닉 오케스트라의 신년 음악회가 열리는 곳으로 직사각형 모양의 실내 전체가 황금색으로 빛나는 꿈의 무대였습니다. 1,800여 석의 자리가 청중들로 가득 들어차 있었죠. 저는 어린 학생들의 긴장을 풀어주기 위해 미소를 머금은 채 지휘봉을 들었습니다. 그날 우리는 베토벤 〈3중 협주곡〉과 차이콥스키 '교향곡 5번'을 연주했습니다. 오케스트라는 연습 때보다 훨씬 더 아름다운 연주로 청중들에게 보답했습니다.

"서로의 표정을 살펴보세요. 자기 소리가 두드러지지 않도록 전체의 소리에 집중하세요."

리허설 때 제가 했던 말입니다. 단원들은 제 말을 잘 따라줬습니다. 최고조의 앙상블을 보여준 것이죠. 단원들이 모두 퇴장할 때까지 청중들의 박수갈채가 끊이지 않았습니다. 클래식 음악의 본고장에서 유럽인들에게 한국 청소년들의 패기와 열정을 유감없이 드러낸 무대였습니다.

그날 밤 대사가 베푼 축하 연회에서 저는 다시 한 번 앙상블의 중요성에 대해 언급했답니다.

"입시도 중요하고 콩쿠르도 중요하지만 가장 중요한 것은 음악을 사랑하는 음악가가 되는 겁니다. 서로 친해지며 호흡을 맞추는 앙상블이 그래서 중요한 것이죠. 내가 잘되고 남이 못되는 것이 아닌 서로 잘되는 윈윈을 배워야 합니다. 축구에서 스트라이커들이 드리블만 한다고 골이 들어가는 것은 아니죠. 미드필더와 패스도 주고받고, 수비수로부터 제때 공을 공급받기도 해야 한답니다. 우리는 그동안 너무 스트라이커만 되려고 한 것은 아닐까요?"

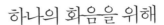

하나의 화음을 위해

저는 내친김에 서울예고 챔버 오케스트라와 함께 미국 동부에 있는 대학을 돌며 콘서트를 진행하기로 했습니다. 2007년 10월 16일부터 27일까지 12일 동안의 여정이었습니다. 유럽에 이어 미국의 지성들에게 한국 젊은이들의 패기와 열정을 보여주고 싶었지요. 열일곱 살이 된 1학년 학생들을 중심으로 27명의 단원을 구성했습니다. 출발 전날 서울예고 강당에서 마지막 리허설을 했습니다. 학부모들과 가족, 선생님들이 다 모인 자리였습니다. 저는 단원들에게 이렇게 당부했어요.

"음악가들은 본능적으로 자신이 남과 다르다는 것을 보여주는 연주를 하려고 합니다. 하지만 저는 언제나 내 자신이 연주를 듣는 청중이라고 생각하고 연주를 해왔답니다. 음악은 소통입니다. 나와 다른 단원들 간의 소통, 연주자와 지휘자 간의 소통, 그리고 오케스트라와 청중들 간의 소통, 이것이 곧 음악입니다. 이번 콘서트 투어는 합주를 통해 서로 배려하고 존중하는 자세를 배우는 소중한 시간입니다. 좋은 팀워크를 만드는 기회가 되기 바랍니다.”

첫 연주회는 하버드대학교 페인 홀에서 열렸습니다. 러시아 작곡가 쇼스타코비치의 ‘챔버 심포니 8번 C단조’를 연주했습니다. 제2차 세계대전 당시 희생된 사람들에 대한 추모와 전체주의에 대한 반감을 음악으로 형상화했기에 다소 무거우면서도 박진감 넘치는 곡이죠. 지성의 전당에서 열리는 음악회답게 역사를 생각하며 사색적인 분위기를 만들어보려고 선택한 것이었습니다. 연주를 시작하기에 앞서 영어로 곡에 대한 해설을 곁들였습니다. 시차에 적응하느라 피곤해하던 학생들은 연주가 시작되자 언제 그랬냐는 듯 호흡을 맞추기 시작했습니다. 하이든의 교향곡 45번 〈고별〉이 이어지며 연주회가 모두 끝났습니다. 홀을 가득 메운 청중들이 전부 기립해서 뜨거운 박수를 보내줬답니다. 단원들이 다 퇴장할 때까지도 청중들은 그대로 서 있었지요.

두 번째 연주회는 하버드대학교에서 멀지 않은 곳에 있는 매사추세츠공과대학교에서 열렸습니다. 일명 MIT로 불리는 세계 과학기술계의 요람이었습니다. 연주회장은 핀란드 출신 건축가 에로 사리넨이 설계해 1955년에 건축된 크레스기 오디토리엄이었어요. 뉴잉글랜드 콘서바토리 교수들로 구성된 세계 정상의 실내악단인 보로메오 현악 4중주단과의 협연이 예정돼 있었습니다. 차이콥스키가 모차르트를 깊이 존경하고 흠모하는 마음을 담아 작곡한 〈현을 위한 세레나데〉를 연주했습니다. 긴장이 풀려서인지 오케스트라의 연주는 전날보다 더 세련된 화음을 선사했습니다. 이곳에서도 청중들은 열렬한 기립 박수로 연주자들에게 화답해줬습니다. 우리는 앙코르 곡으로 페터 하이드리히의 〈해피 버스데이 주제에 의한 변주곡〉을 유쾌하게 연주했답니다.

공연이 끝난 뒤 학생회관에 마련된 연회에서 한국인 학생 한 명이 이런 이야기를 했습니다.

"제가 중학생일 때 금난새 선생님의 해설이 있는 청소년 음악회에 갔었습니다. 그런데 오늘 보스턴에서 미국 친구들과 함께 금난새 선생님이 영어로 해설하시는 음악을 듣게 되니 너무나 기쁘고 감격스럽습니다. 어린 학생들이 어쩌면 그렇게 원숙하고 완벽한 합주를 할 수 있는지 보고도 믿어지지가 않습니다. 미국 친구들이 깜짝 놀라더군요. 정말 고맙습니다."

뉴잉글랜드 콘서바토리와의 실내악 연주와 마스터 클래스 이후 마지막 공연은 바드칼리지의 피셔 센터에서 진행됐습니다. 인문대인 바드칼리지는 뉴욕시에서 북쪽으로 약 140킬로미터 떨어져 있습니다. 학교가 있는 레드훅이라는 마을은 허드슨강을 끼고 캣스킬 산맥이 바라보이는 아름다운 숲속에 자리하고 있습니다. 에스파냐 빌바오 구겐하임 뮤지엄을 건축했던 프랭크 게리가 설계한 피셔 센터는 생선 비늘 같기도 하고, 새의 날개 같기도 한 양철 지붕의 현대적 콘서트홀로 〈뉴요커〉지가 미국 최고의 소규모 콘서트홀로 평가한 곳이지요. 우리는 그곳에서 그동안 조율했던 팀워크를 최대치로 끌어올리며 화음의 절정을 마음껏 발휘했습니다.

서울예고 오케스트라는 유럽과 미국 공연을 통해 한층 더 성장한 모습을 보여줬습니다. 그 시절 어디가 길인지도 모르고 헤매던 저에 비하면 세계를 무대로 호흡하게 된 어린 학생들이 얼마나 대견한지 모릅니다. 무엇보다 서로 긴밀히 소통하고 배려함으로써 음악이란 여럿이 한데 어울려 하나의 화음을 만들어내는 과정이라는 걸 깨달은 것이 가장 큰 수확이었습니다.

마에스트로와 CEO

국내 최고의 오케스트라로 꼽히는 KBS 교향악단을 지휘할 때였습니다. 유학을 마치고 귀국하자마자 들어간 그곳에서 저는 12년째 지휘봉을 잡고 있었습니다. 대우도 괜찮고 단원들 실력도 좋았지만 KBS라는 거대한 조직은 변화에 민감하게 반응하지를 못했습니다. 저 같은 돈키호테에게는 생리적으로 맞지 않는 부분이 많았지요. 그러던 어느 날 한 통의 전화가 걸려 왔습니다.

"우리 오케스트라에 지휘자가 1년째 공석입니다. 시에서는 아예 오케스트라를 없애버리려 하고 있습니다. 조금만 도와주십시오. 어떻게든 오케스트라를 살리고 싶습니다."

수원시립교향악단 사무국장의 다급한 전화였습니다. 이 한 통의 전화는 제 가슴 한편에 웅크리고 있던 도전 의식에 불을 질렀답니다. 잘나가는 조직을 맡아 안정적인 삶을 지속하는 것보다 문제가 많은, 또는 파산한 조직을 맡아 다시 살려내고 새로운 모습을 만들어내는 일은 얼마나 멋지고 보람 있고 근사합니까? 저는 KBS에 이런 뜻을 전달했습니다. 외국의 경우 한 명의 지휘자가 여러 오케스트라 지휘를 맡는 일이 비일비재했기에 KBS 교향악단에 지장이 없는 범위 내에서 수원시립교향악단을 회생시키는 일에 새롭게 도전해보고 싶었던 것입니다.

하지만 KBS에서는 외부의 다른 오케스트라를 지휘하는 일에 반대였습니다. KBS에서 월급을 주니 KBS 일에만 전념하라는 것이었죠. 결국 선택은 저의 몫이었습니다. 안정이냐 모험이냐, 둘 중 하나를 택해야 했어요. 저는 KBS에 사표를 냈습니다. KBS는 제가 아니라도 얼마든지 훌륭한 지휘자를 모셔 올 수 있지만 수원시립교향악단은 제가 가지 않으면 문을 닫을 형편이었기 때문입니다. 클래식 음악 시장을 지속적으로 개척하고 확장하기 위해서 좋은 오케스트라를 많이 만들어도 시원치 않을 판에 멀쩡한 오케스트라 한 곳이 문을 닫게 만들 수는 없었습니다.

"그 좋은 데 사표를 내고 다 망해가는 곳으로 옮겨 가다니 도무지 이해할 수가 없군."

사람들의 반응은 대체로 이런 것이었습니다. 나중에 알게 된 사실이지만 월급도 KBS의 3분의 1 수준이었지요. 객관적 시각에서 보자면 제 선택은 바보 같은 짓이었습니다. 그러나 저는 현실에 안주하기보다 새로운 세계에 도전하는 쪽이 더 좋았습니다. 결심을 굳힌 저는 몰래 수원시향 공연을 보러 갔습니다. 어떤 상태인지를 알아야 향후 제가 수원시향을 어떻게 이끌어갈지, 어떤 변화와 혁신이 필요한지를 가늠할 수 있었던 까닭입니다.

수원문예회관에서 열린 정기 연주회에 입장한 청중은 100명도 채 되지 않았습니다. 연주는 나쁘지 않았지만 단원들에게서는 열정이나 환희 같은 걸 느낄 수 없었습니다. 휴식 시간이 끝나고 2부 연주가 시작됐을 때 객석은 절반가량이 비어 있었습니다. 1부에서 연주를 마친 연주자의 지인들이 빠져나간 것이지요. 80명의 연주자들이 40여 명의 청중 앞에서 연주를 하고 있었어요. 썰렁한 무대와 썰렁한 객석이었습니다.

저는 다음 날 상임 지휘자로서 수원시향 단원들 앞에서 이렇게 첫 인사말을 건넸습니다.

"어제 여러분의 연주는 나쁘지 않았습니다. 저에게는 오케스트라 운영에 관한 여러 가지 아이디어가 있습니다. 그러니까 여러분들은 저를 믿고 저에게 투자를 해주시기 바랍니다."

단원들에게 열정을 불어넣는 일이 맨 먼저였습니다. 대개 연주자들이나 성악가들은 열심히 음악을 공부해서 교수가 되거나 연주단체 등에 소속돼 꼬박꼬박 나오는 월급을 받아가며 틈틈이 레슨을 해서 부수입을 올리는 걸 목표로 하는 경우가 많습니다. 이런 사람들에게 대학이나 연주 단체는 음악에 미쳐, 음악을 통해 세상을 변화시키려는, 음악에 대한 열정을 발산시키는 통로가 아니라 단지 호구지책을 해결하는 밥벌이 창구일 뿐입니다. 이런 이들에게 열정과 헌신을 기대한다는 건 무모하고 무리한 일이지요. 저는 이런 고정관념과 안이한 생각을 깨고 싶었습니다. 수원시향이 국내 최고의 오케스트라가 될 수 있다는 신념을 심어주고 싶었던 겁니다.

저는 단원들과 함께 연습에 연습을 거듭했습니다. 나를 믿고 따라오면, 나와 함께 열정과 패기를 불사르면, 음악에 제대로 한번 미쳐보면 분명히 다른 세상이 펼쳐지게 되리란 걸 직접 증명하고 보여주고 싶었습니다. 의외로 그날은 빨리 왔습니다. 해가 바뀌고 새해 수원시의 시무식이 열릴 때였습니다. 수원시향은 시무식이 열리는 강당 옆에 도열해 시무식을 끝내고 나오는 시청 공무원들에게 새해를 시작하는 멋진 클래식 연주를 선사했습니다. 내부 고객을 먼저 감동시키기 위해서였죠. 수원시에 수원시향이 있다는 존재감을 알리기 위해서였습니다. 반응은 폭발적이었어요. 수원시가 생긴 이래, 수원시향이 창단된 이래 시무식 연주회는 처음이었던 것입니다. 감동을 받은 시장은 즉석에서 수원시향 단원들에게 100퍼센트 특별 보너스 지급을 약속했습니다.

저는 천편일률적인 두 시간짜리 연주회를 벗어나 여섯 시간 동안 연주하는 마라톤 연주회를 기획했습니다. 언론에 수원시향 '마라톤 연주회'가 대서특필됐지요. 무려 1,000명이 넘는 청중들이 자리를 뜨지 않고 여섯 시간 마라톤 연주회를 감상했습니다. 이후 다양한 프로그램으로 색다른 연주회를 연이어 내놓자 수원시향 연주회 표는 매진 사례를 기록하고, 객석이 빈자리 없이 들어차기 시작했습니다. 단원들 얼굴엔 웃음과 자신감, 열정과 환희가 넘쳐 나기 시작했죠. 수원시향은 주도적으로 변화와 혁신에 앞장섰습니다. 갈비의 도시가 오케스트라의 도시가 된 것입니다.

지휘자가 연주자들을 믿고 기대감과 자신감을 갖게 하며 열정적이고 헌신적으로 오케스트라를 이끌어나간다면 그런 오케스트라를 통해 좋은 연주가 나오지 않을 수 없고, 객석이 들어차지 않을 수 없으며, 최고의 오케스트라로 성장하지 않을 수 없을 겁니다. 그렇게 되면 단원들 개개인 역시 최고가 되는 것이지요. 성장하고 성공하는 것입니다. 지휘자란 그런 역할을 하는 사람입니다. 이것이 명실상부한 오케스트라의 마에스트로, 즉 거장의 모습이죠.

기업에서 CEO의 역할 또한 이와 다르지 않습니다. 아니, 오히려 오케스트라보다 훨씬 더 복잡하고 거대한 조직을 갖춘 기업의 CEO야말로 최고의 마에스트로가 돼야 합니다. 직원들을 함부로 대하고 불신하며 수단으로 삼는 CEO에게 충성을 다하고 자신이 가진 모든 능력을 십분 발휘하고자 하는 사람은 없을 겁니다. 직원들로 하여금 회사에 애정을 갖게 하고, 자신의 일에 열정을 느끼게 하며, 가지고 있는 모든 능력을 다 발휘하도록 만드는 것이야말로 CEO가 해야 할 최우선의 일이며, CEO가 갖춰야 할 최고의 덕목입니다. 그것은 의외로 거창한 게 아닙니다. 직원들을 배려하고 먼저 다가가 소통하려는 작은 노력과 실천이면 충분합니다. 진심으로 직원들과 눈높이를 맞추고 그들의 성장과 성공을 돕고 지원한다면 직원들은 자연스럽게 이에 반응할 겁니다. 직원들과 CEO가 함께 성장하고 성공하는 곳이 바로 일터입니다.

저는 지휘자보다는 CEO라고 불리는 걸 더 좋아합니다. 저를 만나는 사람마다 제 명함을 보고 깜짝 놀라거나 자꾸 만지작거리며 들여다보곤 하지요. 명함에 '지휘자 금난새'라고 적혀 있지 않고 'CEO 금난새'라고 표기돼 있는 까닭입니다. 제가 클래식 음악을 하는 사람이고, 오케스트라를 지휘하는 사람이라는 건 대부분의 사람들이 잘 알고 있을 겁니다. 그러니 명함에 그 문구를 또 적어 넣을 필요가 없죠. 물론 저는 뉴월드 필하모닉 오케스트라라는 벤처 오케스트라를 창업한 CEO이긴 하지만, 특정 기업의 CEO를 넘어서 음악을 통해 세상을 아름답게 변화시키고, 우리 사회에 좋은 영향을 끼치며, 클래식 음악 시장을 광범위하게 개척해 인류에 공헌하고자 하는 제 바람과 의지는 지휘자를 넘어 CEO에 더 가깝기 때문입니다.

군주가 아닌
CEO의 리더십

소통을 잘한다는 건 구체적으로 어떤 것일까요? 아마도 상대방에 대한 배려가 아닐까 생각합니다. 내 주장만 하면서 내 뜻을 관철시키려는 것이 아니라 상대방 말을 경청하면서 상대방 입장에 서서 생각하는 태도가 먼저 선행돼야 제대로 된 소통이 이루어질 수 있는 것입니다.

"내 표현을 이해하지 못하겠다고 하는 사람은 내 음악을 들을 필요도 없다."

러시아 레닌그라드 필하모닉 오케스트라를 50년 동안이나 지배했던 지휘자 예브게니 므라빈스키의 말입니다. 그는 무대 위에서 결코 친절한 미소를 짓는 법이 없었고, 시종일관 딱딱하고 근엄한 얼굴을 하고 있는 전형적인 독재자 스타일이었습니다. 청중들에게 다가가 소통하려는 태도를 보이거나 단원들에게 자신의 음악을 이

해시키려는 유연성은 찾아볼 수 없었지요. 정도의 차이는 있지만 과거 한 시대를 풍미했던 지휘자들은 모든 것을 자기 마음대로 하는 독불장군 스타일이 대부분이었답니다. 봉건시대 군주와 마찬가지로 지휘자의 말은 곧 법이었습니다.

하지만 이제 그렇게 해 가지고는 오케스트라를 이끌어갈 수가 없습니다. 지휘자가 단원들 위에 군림하는 수직적 구조로는 4차 산업혁명에 직면한 청중들의 마음을 사로잡는 앙상블을 창조해내기 어렵습니다. 단원 한 사람 한 사람을 존중하고 배려하며 인격적으로 대하는 민주적 리더십을 가진 지휘자라야 오케스트라를 하나로 만들며 아름다운 화음을 이끌어낼 수 있는 시대가 된 것입니다. 단원과 단원, 연주자들과 지휘자 사이에 언제든 소통이 가능한 수평적 구조를 만들어야 합니다. 지휘자가 군주가 아닌 CEO가 돼야 하는 이유가 바로 여기에 있습니다.

수원시향에 있을 때의 일입니다. 어느 날 오보에 연주자 한 명이 조용히 저를 찾아왔습니다.

"저기, 선생님…… 실은 얼마 후 KBS 교향악단에서 공개 오디션을 한다고 하는데, 제가 한번 응시해보고 싶습니다. 꼭 가고 싶은 곳이거든요. 그렇게 해도 괜찮을까요?"

그는 오래전부터 KBS 교향악단에서 연주해보고 싶었다고 했습니다. 그도 그럴 것이 당시 KBS 교향악단은 국내 최고 수준의 오케스트라였으며, 대우 또한 수원시향과는 비교도 되지 않을 정도로 좋았기 때문이죠. 지금은 그렇지 않지만 그때만 해도 단원 한 명이 다른 곳으로 옮겨 가면 전에 함께 있던 오케스트라 단원들은 그 사람이 자신들을 배신하고 떠난 것으로 여겼습니다. 누가 다른 오케스트라로 가기 위해 오디션을 봤다는 소문이라도 돌면 그는 그날부터 다른 단원들로부터 철저하게 따돌림을 당하기 일쑤였어요. 이런 음악계 풍토를 잘 알고 있었기에 그 단원은 고민 끝에 저를 찾아오게 된 것이었습니다. 저는 웃으면서 그에게 말했습니다.

"그렇게 가고 싶다면 당연히 오디션을 봐야죠. 꼭 좋은 결과가 있기를 바랍니다."

그는 밝은 얼굴로 돌아갔고 오디션을 봤습니다. 그러나 안타깝게도 합격이 되지 못했지요. 단원들은 그가 KBS 교향악단 오디션에 응시했다는 사실을 알게 됐습니다. 가고 싶은 곳에 가지도 못한 채 지금 있는 곳에서 따돌림을 당하게 생긴 것입니다. 저는 단원들에게 이야기했습니다.

"만약 우리 단원 중에 베를린 필이나 뉴욕 필 같은 오케스트라에 들어가게 된 사람이 있다면 어떨까요? 다들 기뻐하며 잘됐다고 축하할 겁니다. 그건 너무 당연한 일입니다. 그런데 우리는 왜 국내 다른 오케스트라로 자리를 옮기는 건 너그럽게 받아들이지 못하는 걸까요? 함께 일하던 동료가 더 좋은 곳으로 간다면 축하할 일이지

비난할 일이 아닙니다. 이제부터는 그러지 않았으면 좋겠습니다. 우리는 계속해서 함께 성장하고 발전해야 하니까요."

그러고 나서 몇 달 뒤에 KBS 교향악단에서 다시 한 번 오보에 연주자를 모집한다는 공고가 났습니다. 하지만 이번에는 오보에 연주자가 응시를 꺼렸습니다. 자신감도 떨어진 데다 동료들 보기도 민망해 주눅이 든 것이었죠. 저는 그 단원을 가만히 불러 차를 마시며 격려했습니다.

"기회는 자주 오는 게 아닙니다. 이번 기회를 놓치면 평생 후회하게 될지도 모릅니다. 자신감을 가지고 한 번 더 응시해보세요. 아마 이번에는 꼭 합격할 겁니다. 예감이 좋아요."

그는 제 말에 힘을 얻어 오디션에 응시했습니다. 결과는 합격이었고요. 그토록 원하던 KBS 교향악단에 들어가 자신의 꿈을 마음껏 펼치며 연주에 전념할 수 있게 된 것이죠. 저는 진심으로 그를 축하해줬고, 다른 단원들도 자신들 일인 것처럼 기쁨으로 그를 보내줬습니다.

클래식 음악가에게
시장이란?

● 　　　　　　　　　수원시향에 있는 7년 동안 많은

변화가 있었습니다. 고작 1년에 10회 정도의 정기 연주회를 소화하

며 별다른 관심을 끌지 못했던 오케스트라가 3년 안에 연 50회 이

상의 연주회를 열면서 주목받는 오케스트라로 성장한 것입니다.

　그러자 수원시는 물론 지역에 기반을 둔 기업에서 수원시향을

지원하기 위해 나서기 시작했습니다. 대표적인 기업은 삼성이었

죠. 삼성은 1994년부터 5년간 1년에 4억 원씩 꾸준히 후원을 해줬

습니다. 수원시에서도 경기도문화예술회관(경기도 문화의전당) 앞에

있는 약 2만 평(약 6만 6,000제곱미터)의 시유지에 단원들의 연습실

과 야외 음악당을 지어주겠다고 나섰습니다. 건축 비용 50억 원은

삼성에서 지원하기로 했어요. 이렇게 해서 1996년 청중들이 클래

식 음악을 제대로 감상할 수 있도록 오케스트라 연주에 최적화된

야외 음악당이 수원에 들어서게 됐답니다.

하지만 민선 시장이 취임한 이후 이런저런 모양새로 오케스트라 운영에 대한 관여가 늘어났습니다. 저는 이제야말로 새로운 도전이 필요한 시기라고 생각했습니다. 과감하게 수원시향을 그만두고 아무런 간섭도 받지 않는 순수한 민간 오케스트라를 만들기로 한 겁니다. 대책도 없이 저를 따라나선 10여 명의 단원들로 인해 출범이 다소 빨라졌을 뿐 언젠가 이런 날이 오리라 예상하고 있었습니다. 1999년에 처음 선보인 건 유로아시안 챔버 오케스트라였습니다. 아시아와 유럽의 교류를 통해 클래식 음악계에 새로운 지평을 열어 보자는 차원에서 시작한 유로아시안 필하모닉 오케스트라는 자리를 잡아가면서 네 개의 그룹으로 발전했습니다. 유명 작곡가의 교향곡을 주요 레퍼토리를 구성한 60명에서 80명 규모의 오케스트라와 다양한 양식의 클래식 음악을 선보이는 30명 규모의 챔버 오케스트라, 현악기 연주자 12명에서 15명 규모로 구성된 스트링스, 그리고 현악기 수석 연주자들로 편성된 4중주단 중심의 앙상블이 그것이었습니다.

지휘자와 연주자, 그리고 열정과 패기만 있을 뿐 가진 게 없기는 대학생 때 서울 영 앙상블을 만들었던 것과 별반 차이가 없었습니다. 그때와 마찬가지로 가장 큰 문제는 연습실과 사무실 공간을 마련하는 일이었죠. 저는 우연히 서초구에 있는 국립중앙도서관에

400석 규모의 홀이 있다는 사실을 알게 됐습니다. 도서관 홀은 빈번하게 사용되는 공간은 아니었습니다. 저는 관장을 만나 설득했지만 처음 반응은 시큰둥했답니다. 이에 저는 귀가 솔깃할 만한 제안을 내놓았습니다.

"도서관은 지식과 문화가 흐르는 공간입니다. 국립중앙도서관은 이를 선도하는 중심이고요. 저희가 홀을 사용할 수 있게 허락해주시면 매달 한 차례씩 도서관 홀에서 무료 음악회를 열도록 하겠습니다. 도서관을 찾는 이용자들과 서초구민들에게 클래식 음악을 통해 최고의 문화적 혜택을 제공하는 것이죠. 도서관에 대한 시민들의 관심이 크게 높아질 겁니다."

저는 1년 동안만 실험적으로 해보고 나서 반응이 좋지 않으면 두말없이 홀을 비워주겠다고 했습니다. 그러자 관장은 비로소 미소를 보이며 그렇게 하겠다고 약속했습니다. 도서관 홀 연주회에 대한 반응은 폭발적이었습니다. 조용히 책만 읽던 공간이 클래식 음악이 흐르는 역동적인 공간으로 변모한 것이지요. 잠자던 홀은 그렇게 깨어났고, 우리는 도서관에 둥지를 틀었습니다.

"일본의 경우만 해도 1년에 150회의 공연을 넘지 못하는 오케스트라가 거의 없어요. 그런데 우리나라는 1년에 100회가 넘게 공연하는 오케스트라가 한 군데도 없답니다. 그만큼 클래식 음악 시장이 좁다는 말이죠. 그 시장을 넓혀나가는 게 우리 음악가들의 몫이라고 생각합니다. 유로아시안 필하모닉 오케스트라는 그 고지를 향해 쉬지 않고 달려갈 겁니다."

그즈음 저는 한 언론과의 인터뷰에서 이렇게 말했습니다. 그러나 사람들 생각은 달랐습니다.

"정부나 지방자치단체로부터 단 한 푼의 지원도 받지 않고, 오직 스스로의 기획력과 연주력만으로 운영되면서 청중들에게 사랑받는 민간 오케스트라를 만든다는 게 과연 가능할까?"

모두 불가능하다고 했습니다. 어리석은 짓이라고 했지요. 심지어 아무 조건 없이 저를 믿고 따라나선 오케스트라 창단 멤버들까지 의구심을 표했습니다.

하지만 저는 믿었습니다. 제 가장 든든한 스폰서는 청중들이었습니다. 음악가로서 모든 역량을 동원해 청중들에게 최고의 서비스를 제공하면 그들은 반드시 공연장을 찾는다는 믿음이 있었습니다. 그리고 제 믿음은 마침내 현실이 됐습니다. 1999년 유로아시안 필하모닉 오케스트라는 문화 회관이 있는 전국 35개 도시를 순회하며 연주회를 가졌는데, 가는 곳마다 전 석 매진을 기록했습니다. 2003년에는 우리나라 오케스트라 가운데 유료 관객 동원 수 1위를 기록하며 14억 원의 수익을 내기에 이르렀습니다. 포스코, 삼성전자, CJ그룹 등 대기업들과 후원 계약을 맺었습니다. 단순히 지원을 받는 스폰서십이 아니라 기업과 오케스트라가 서로 필요한 부분을 채워주는 파트너십 관계를 맺은 것입니다.

안개가 걷혔습니다. 사람들의 의구심은 온데간데없이 사라졌습니다. 저는 이제 당당하게 이야기할 수 있게 됐답니다.

"클래식 음악 연주자가 레슨으로 생계를 유지한다는 건 너무 슬픈 일입니다. 순수하게 연주에만 전념하면서도 충분히 생활이 가능한 풍토를 만들어야 합니다. 우리에게 가장 기쁜 일은 연주가 끝나고 나서 너무 좋았다고 하면서 또 와달라고 요청하는 겁니다. 그러고선 다음 연주회 계약을 하는 것이죠. 이것이 바로 시장을 만들어가는 프로페셔널의 모습입니다."

자유
유합
롭하
게하
      십
      시
      오

융
합
하
십
시
오

음악은
벤처 비즈니스다

유로아시안 필하모닉 오케스트라
는 세계에서 유래를 찾아보기 힘든 벤처 오케스트라였습니다. 벤처
venture란 '사업상의 모험' 또는 '위험을 무릅쓰고 모험하다' 라는 뜻
입니다. 따라서 벤처기업이란 '위험 부담은 크지만 성공할 경우 높
은 수익이 예상되는 신기술과 아이디어를 독자적인 기반 위에서 사
업화하려는 신생 중소기업' 을 의미하죠. 첨단의 신기술과 아이디
어를 개발해 사업에 도전하는 창조적인 중소기업으로 '모험기업'
또는 '위험기업' 이라고도 부릅니다.

오케스트라의 명칭에 흔히 따라붙는 '필하모닉' 이라는 말은 '조
화로운 음악harmony을 사랑phil하는 모임' 이라는 뜻이에요. 본래 베
를린 필하모닉 오케스트라처럼 단원들이 주체적으로 세운 악단이
나 특정 지역 동호회원들의 후원을 받아 만들어진 오케스트라를 가

리킵니다. 그런데 정부나 지자체 등에서 만든, 세금으로 운영되는 공적인 오케스트라에도 필하모닉이라는 말이 공공연하게 쓰이면서 본래 의미가 흐려지게 됐습니다.

하지만 유로아시안 필하모닉 오케스트라야말로 오로지 음악에 대한 사랑 하나만으로 언제 망해서 길거리로 내몰릴지도 모를 위험을 무릅쓴 채 단원들에 의해 자발적으로 탄생한 진정한 필하모닉 오케스트라였습니다.

우리는 그때까지 당연하게 여겨오던 음악계의 현실에 반기를 들고 고질적인 관행들을 하나씩 고쳐나가기 시작했습니다. 기존 오케스트라처럼 연주를 하든지 안 하든지, 많이 하든지 적게 하든지 그저 정해진 월급만큼만 받아 가는 시스템을 과감하게 없앴습니다. 연주회를 더 많이 하고, 유료 관객이 늘어나 수익이 많아지면 그에 따른 인센티브를 골고루 받아 갈 수 있도록 한 것입니다. 이렇게 하다 보니 다른 제도권 오케스트라들이 1년에 몇십 회의 공연을 하는 동안 우리는 100회가 넘는 연주회를 이어갔지요. 청중들이 많이 오든 적게 오든 내가 맡은 연주만 하면 그만이라는 태도는 찾아볼 수 없게 됐습니다. 스스로 알아서 더 많이 연구하고 연습하면서 청중들의 반응에 민감하게 대응하는 단원들을 보면서 제 자신도 깜짝 놀랐답니다.

더 이상 제가 아이디어를 내면 마지못해 따라오는 단원들이 아니었습니다. 의견을 물으면 연주회에 대한 다양한 아이디어들이 봇물처럼 터져 나왔습니다. 레퍼토리를 구성하고, 무대를 꾸미며, 청중들에 대한 서비스를 강화하는 데 단원 모두가 자신들 일처럼 앞장섰습니다. 소통이 원활해지고, 팀워크가 살아나며, 모두가 한 운명 공동체라는 인식으로 강한 연대가 이뤄지자 자연스럽게 조화로운 음악이 연주됐지요. 네 일과 내 일, 네 영역과 내 영역, 네 연주와 내 연주의 구분이 없어졌습니다. 하나의 완전한 화음만이 존재하는 오케스트라가 된 것입니다.

벤처기업으로서 유로아시안 필하모닉 오케스트라가 첫 번째로 시도한 기획은 포스코 '제야 음악회'였습니다. 기회는 정말 우연찮게 찾아왔습니다. 국립중앙도서관에 둥지를 틀기 전 여기저기 연습실을 알아보러 다닐 때였죠. 친구 중 한 명이 포스코센터 대강당이 아주 넓고 시설도 좋으니 한번 알아보라며 귀띔을 해줬습니다. 저는 홍보 담당 임원을 소개받아 약속을 잡은 뒤 찾아갔습니다. 강남 빌딩 숲 사이에 위치한 포스코센터는 외관도 뛰어났지만 무엇보다 로비가 마음에 들었습니다. 천장이 9층 높이까지 뚫려 있어 소리의 울림이 매우 좋은 공간이었습니다.

"새로 창단한 오케스트라 연습실로 포스코센터 대강당을 사용할 수 있을까요?"

"이걸 어쩌죠? 올해에는 대강당 사용 일정이 이미 꽉 차 있어 빌

려드릴 수가 없네요."

난감한 상황이었어요. 예약이 꽉 차 있다는 데야 더 이상 설득하거나 양해를 구할 형편이 아니었죠. 돌아서 나오려는데 다시금 로비의 천장이 눈에 들어왔습니다. 투명한 천장 아래로 백남준 씨의 비디오 아트 작품이 샹들리에처럼 매달려 있었습니다. 유럽의 성당에 온 느낌이었지요.

"로비가 정말 훌륭하네요. 여기서 콘서트를 한번 해보면 좋겠는데, 가능할까요?"

"네? 여기는 그냥 로비인데…… 이런 데서도 클래식 연주회를 할 수 있나요?"

"그럼요. 물론이죠. 여기는 천장이 높고 유리로 둘러싸여 있어서 빌딩 로비라기보다는 유리로 된 성당처럼 느껴집니다. 이런 데서 클래식 음악회를 하면 멋질 것 같습니다."

홍보 담당 임원은 반신반의하면서도 저의 제안을 적극적으로 검토해보겠다고 했습니다. 이렇게 해서 빌딩 로비에서의 콘서트가 추진됐습니다. 그렇지만 전문 연주 홀이 아니었기에 현실적 제약은 많았습니다. 음향 시설이 갖춰져 있지 않았고, 무대를 새로 꾸며야 했으며, 청중석도 따로 만들어야 했으니까요. 무엇보다 어수선한 로비에서 좋은 음악을 연주할 수 있을지 의문이었습니다.

드디어 1999년 12월 31일 밤 10시, 새천년을 기념하기 위한 여러 가지 행사들로 세상이 온통 시끌벅적할 무렵 포스코센터 로비에서는 '밀레니엄 제야 음악회'가 시작됐습니다. 연주곡은 베토벤의 교향곡 9번 〈합창〉이었습니다. 반전에 반전을 거듭하는 이 변화무쌍한 곡은 환희와 인류애의 메시지를 담고 있어 새로운 천년을 맞이하는 사람들이 감상하기에 적절한 작품이었습니다. 4악장에서 독일 시인 실러의 시에 곡을 붙인 합창이 나오기 때문에 〈합창〉이란 부제를 달고 있는 이 곡은 베토벤의 마지막 교향곡이자 오랜 세월에 걸쳐 작곡된 역작이기도 합니다.

로비에는 1,000개의 객석이 마련됐습니다. 객석을 가득 메운 청중들은 특별한 콘서트를 즐기기 위해 설레는 마음으로 앉아 있었습니다. 혼돈 속에서 서서히 우주가 생성되는 듯한 분위기, 또는 어둠 속에서 조용히 해가 떠오르는 것 같은 느낌의 도입부가 연주됐습니다. 로비는 이미 근사한 연주 홀로 변해 있었지요. 해를 넘겨 2000년 1월 1일 새벽까지 이어진 연주가 마침내 끝나자 청중들은 일제히 자리에서 일어나 뜨거운 박수를 이어갔습니다. 포스코센터 로비에서 이토록 많은 사람들이 늦게까지 클래식 음악을 즐기는 순간이 오리라고는 누구도 예상치 못했을 겁니다. 음악은 형식보다 소통과 교감이 생명임을 다시 한 번 깨닫게 된 순간이었습니다.

이것을 인연으로 해마다 포스코센터 로비에서 음악회를 갖게 됐습니다. 딱딱한 기업 이미지를 순화하기 위해 패션쇼를 할 목적으로 만들어진 로비가 클래식 음악의 선율이 울려 퍼지는 콘서트홀로 변신한 것이지요. 저는 이곳에서 '베토벤 페스티벌', '차이콥스키 페스티벌', '브람스 페스티벌' 등을 이어가며 베토벤과 차이콥스키 와 브람스의 교향곡 전곡을 연주했습니다.

포스코센터 로비에서 열리는 음악회가 사람들에게 널리 알려지게 되면서 우리 오케스트라 외에도 다른 연주 단체의 각종 공연들이 이곳에서 펼쳐지게 됐습니다. 아무도 눈여겨보지 않고 무심히 지나치던 빈 공간이 강남을 대표하는 훌륭한 문화 공간으로 재탄생한 것입니다.

기대 이상의 반응에 크게 고무된 포스코에서는 중국 연주회도 전폭적으로 후원하고 나섰습니다. 2004년 11월 4일부터 13일까지 다롄, 베이징, 상하이에서 '포스코-차이나의 밤' 순회 연주회를 갖게 된 것입니다. 중국 정부와 언론의 관심은 대단했어요. 클래식 음악에 생소한 청중들도 유로아시안 필하모닉 오케스트라의 '해설이 있는 음악회'에 대한 소문을 들었는지 객석 표가 매진되는 등 기대가 상당했습니다. 우리는 중국이 자랑하는 차이나 내셔널 심포니 오케스트라와 상하이 심포니 오케스트라와도 합동으로 연주를 했습니다. 중국이 낳은 세계적인 피아니스트 콩 샹동과 급부상하고 있는 젊고 패기 넘치는 루 시킹과의 협연도 있었고요.

어려움도 많았습니다. 공항에서 통관 문제로 곤욕을 치렀고, 교통 체증 때문에 밤늦게까지 리허설을 해야 했으며, 눈이 내리는 바람에 길에서 많은 시간을 보내기도 했습니다. 하지만 다롄방송국 음악 홀과 베이징 보리극장, 상하이 상성극원에서 연주회가 이어질 때마다 청중들은 열렬한 환호를 보내줬습니다. 평생 기억에 남을 만한 인상적인 연주회였다는 평이 많았지요. 벤처 오케스트라와 기업, 정부와 지자체, 음악인과 기업인이 한데 어울려 힘을 모으니 클래식 음악계에 한류 열풍이 불기 시작하면서 계속해서 새로운 시장이 생겨나게 된 것입니다.

과학과 예술이
함께한다는 것

학문과 과학 기술이 고도로 발달하면서 전문 분야를 연구하고 탐구하는 사람들은 더욱 깊이 한 분야에 몰두하더라도 리더들은 이를 한데 아우르고 분석해서 적용할 수 있는 통찰력, 즉 융합 능력을 가지고 있어야 합니다. 정치인들은 다양한 갈등을 통합해 국민들을 하나로 묶을 수 있는 능력을, 경제인들은 각자의 이해관계를 조정해 공동의 선을 향해 나아갈 수 있는 능력을, 교육자들은 여러 학문과 지식이 자유롭게 교류하며 성찰과 창조를 이룰 수 있는 능력을, 예술가들은 경계를 초월해 아름다움으로 세상을 변화시킬 수 있는 능력을 갖춰야 한다는 겁니다. 21세기가 요구하는 리더의 자질은 바로 이런 것이 될 것입니다.

외국의 예술가들과 대화를 나누다 보면 그들이 공통적으로 이야기하는 게 있습니다. 한국의 젊은 예술가들을 보면 두 가지 점에서 깜짝 놀란다는 것입니다. 첫째는 이토록 작은 나라에서 어쩌면 그렇게 재능과 기량이 뛰어난 젊은이들이 많은지 놀랍다고 합니다. 둘째는 각자의 실력은 탁월하지만 함께 어울리거나 팀을 이뤄서 하는 일에는 너무 서툴고, 자기 전공 이외의 다른 분야에 대해서는 별로 관심도 없고 아는 것도 없다는 점이 놀랍다고 합니다.

이런 말을 들을 때마다 저는 안타깝기 그지없습니다. 제가 예술가이자 교육자로서 늘 융합을 강조하는 건 바로 이 때문입니다. 끝없이 성찰하고 창조하는 예술가로 살아가려면 자기 분야만 깊게 파고들면서 다른 분야를 도외시해서는 안 됩니다. 독주만이 아닌 협연과 합주에도 역량을 발휘할 줄 알아야 하며, 현악기와 관악기와 타악기를 모두 이해하려고 노력해서 오케스트라 전반을 꿰고 있어야 하고, 다른 예술 분야는 물론 예술 이외의 다양한 분야에도 폭넓은 교양과 안목을 길러야 합니다. 이 시대가 요구하는 것은 고립형 천재가 아니라 융합형 인재인 까닭입니다.

저는 2012년부터 경상남도 창원대학교에서 '금난새 뮤직 페스티벌 & 오케스트라 아카데미'를 시작해 해마다 이어오고 있습니다. 발단은 우연한 만남에서 비롯됐죠. 2010년 창원대에서 강의를 한 적이 있었는데, 이찬규 교수가 기존 예술가와 다른 새로운 생각을 펼치는 제 강의를 듣고 마음에 새겨뒀다고 합니다. 그러다 그가 총장이 된 다음 저를 만나자고 한 것입니다.

"창원은 GNP가 3만 달러가 넘는 곳이지만 기업이 많은 대신 문화가 부족합니다. 창원대가 앞장서서 창원을 문화 예술의 도시로 변화시키고 싶습니다. 학장을 좀 맡아주십시오."

"말씀은 감사하지만 저는 워낙 시간도 없고…… 교수를 맡기엔 나이도 많아서……."

"그러면 석좌교수를 맡아주십시오. 직책과 나이에 구애받지 않고 음악만 하시면 됩니다."

저는 강의 한 번 했다가 예정에도 없는 석좌교수가 되고 말았답니다. 1969년 개교 이래 43년 만에 탄생한 첫 석좌교수라고 했습니다. 그러니 더욱 어깨가 무거울 수밖에 없었죠. 저는 그해 여름부터 '금난새 오케스트라 아카데미'를 개설해 학생들을 가르쳤습니다. 그리고 저녁에는 '금난새 뮤직 페스티벌'을 진행해 오프닝 콘서트, 오페라의 밤, 실내악의 밤, 피날레 콘서트 등 다양한 프로그램을 통해 지역 주민들에게 클래식 음악을 선사했습니다. 두 행사에 대한 반응은 예상을 뛰어넘는 것이었습니다. 특히 주민들을 대상으로 한 프로그램은 모두 매진을 기록했지요.

포항에서는 이보다 몇 년 앞서 포항공과대학교에서 오케스트라 아카데미를 시작했습니다. 포스코와의 인연 때문이었어요. 포스코가 포항공대를 만든 이유 중 하나가 우수한 과학 기술 인재를 배출해 노벨상을 수상하도록 하려는 것이었습니다. 조급한 생각을 가질 필요는 없지만 많은 투자에도 불구하고 아직 노벨상 수상자를 배출하지 못하고 있는 실정입니다. 저는 포항공대 총장을 만나 이와 관련한 대화를 나누다가 불현듯 다음과 같은 이야기를 꺼냈습니다.

"총장님, 오케스트라 아카데미를 해보면 어떨까요? 학교가 과학 기술에만 집중하다 보니 너무 삭막한 것 같아요. 클래식 음악과 친숙해지면 두뇌가 더 유연해지지 않을까요? 여유로운 사고와 넉넉한 심성을 지니게 되면 노벨상에 한결 더 가깝게 다가갈 수 있을 겁니다."

제 이야기를 전해 듣고 한 기업에서는 취지가 정말 좋다며 이를 위해 써달라고 16억 원을 기증하기도 했습니다. 저는 해마다 포항공대에서 학생들을 모아놓고 오케스트라 아카데미를 진행하고 있습니다. 무엇을 전공해서 어떤 일을 하든지 문화와 예술이 함께한다는 건 그만큼 삶을 풍요롭게 하고, 정신 건강에 도움이 되며, 심성을 한결 맑게 할 수 있는 길이라 확신합니다.

음악을 전공한 사람끼리만 모여서 연주하고, 음악이 직업인 사람끼리만 어울려 모임을 갖는 것보다는 이렇게 다양한 분야를 전공한 사람들이 어울려 연주하고, 각양각색의 직업을 가진 사람들이 모여 음악에 미쳐보는 것, 이것이 바로 융합의 시작이 아닐까요?

리더에게는
깊이가 필요하다

국내외에 널리 알려진 유명 지휘자나 연주자 또는 성악가 중에서 텔레비전이나 신문, 잡지 등의 인터뷰를 통해 가끔 이런 식으로 이야기하는 경우를 접하게 됩니다.

"아, 그런 건 잘 몰라요. 저는 음악을 하는 사람이거든요? 음악밖에 모릅니다."

"그런 질문은 곤란합니다. 저는 음악밖에 모르는 사람이니까 음악 이야기만 해주세요."

황당한 건 그 다음입니다. 이런 대답을 들은 기자는 대부분 역시 그는 음악밖에 모르는 클래식의 대가 또는 명지휘자라며 대단한 감명을 받았다는 식으로 말하거나 글을 쓴다는 사실입니다. 음악밖에 모르는 사람, 음악이 아닌 다른 분야나 문제에 대해서는 아무것도 아는 게 없는 사람이 과연 대단한 예술가이고 클래식의 대가이며 명지휘자일까요?

　만약 굴지의 대기업 CEO나 유력 정치인이 나는 경제나 정치밖에 모르니까 다른 건 묻지 말아달라고 대답했다면 어떻게 됐을까요? 우물 안 개구리, 편협하기 짝이 없는 소인배, 지구촌 시대에 걸맞지 않은 폐쇄적 인물, 통섭과 융합의 사고가 형편없이 부족한 협량 등으로 뭇매를 맞았을 겁니다. 오로지 음악만 알아 가지고는, 다시 말해서 음악 이외의 것에 대해 아무것도 아는 게 없는 상태에서는 결코 클래식의 대가도 명지휘자도 될 수가 없습니다.

　보통 그런 식으로 말하는 사람도 자기 잇속을 챙기는 일에는 누구보다 능하지요. 연봉 협상을 통해 더 나은 조건의 계약서에 사인하는 일이나 여러 가지 부수입이나 복지 문제에 혜택을 받는 일 등에는 뛰어난 협상력과 정보력을 자랑하는 경우가 많습니다. 그의 말대로 자신이 진짜 음악밖에 모른다면 연봉이나 조건에 관계없이 어떻게 하면 더 좋은 음악을 마음껏 할 수 있을까에 초점을 맞춰 자신이 가야 할 방향과 서야 할 장소를 정해야 하지 않을까요?

　서울예고에는 무용, 미술, 음악, 이렇게 세 개의 전공이 있답니다. 무용과는 다시 한국무용, 발레, 현대무용으로 나뉘고, 미술과는 한국화, 동양화, 서양화 등으로 나뉘며, 음악과는 더 세분화돼 피아노, 바이올린, 첼로 등의 악기 파트와 성악, 작곡 등의 갈래로 나뉘지요. 모두 자기 전공 분야에서 뛰어난 기량을 자랑하는 수준급의 학생들입니다. 유럽이나 미국 등 세계 어디에 내놔도 그 나이 또래에선 결코 누구에게 뒤지지 않을 탁월한 실력을 자랑합니다.

하지만 저는 교장으로 부임한 이래 학생들에게 전인적인 예술가, 폭넓은 교양과 상식과 지식을 갖춘 인재가 될 것을 강조하고 있습니다. 피아노를 전공하는 학생이 다른 타악기, 현악기를 전공하는 학생들과 자유롭게 협연할 수 있어야 하며, 무용을 전공하는 학생과도 자연스럽게 공연을 할 수 있어야 하고, 미술을 전공하는 학생들과 교류를 넓혀 예술적 수준을 자꾸만 끌어올려야 한다는 말이지요. 아울러 다른 학업이나 독서, 봉사 활동 등에도 소홀하지 않아야 합니다. 바이올린을 전공했다고 해서 바이올린 아닌 다른 악기에 대해서 전혀 아는 게 없고, 다른 음악가들과 협연하는 일도 불편해하며, 자신이 전공한 분야 이외의 예술이나 교양에 무지하다면 이런 학생들이 대학을 가고 사회에 나왔을 때 어떤 모습일까를 상상하는 건 그다지 어렵지 않습니다. 전공에서는 1등이 될지 몰라도 더불어 사는 우리 사회의 일원으로서, 뭔가를 창조하고 만들어내는 능동적인 리더로서 자리매김하기에는 역부족일 겁니다.

예술은 한 시대의 정신이 반영되고, 당대의 인문적 풍토가 바탕이 되며, 사람들의 생각과 정서와 문화가 융합돼 나타나는 것이지 어느 한순간 갑자기 별에서 뚝 떨어져 출현하는 게 아닙니다. 따라서 예술가는 무용, 미술, 음악, 문학, 영화는 물론 역사, 정치, 경제,

교육 등 다방면에 걸친 교양과 지식을 갖춘 통찰력 있는 리더를 꿈꾸고 노력해야 하는 겁니다.

시장에서의 경쟁이 질적으로 변하고 있습니다. 그 속도는 빛의 속도이며, 그 범위는 실로 방대합니다. 바이올린 하나만 아는 상태에서 몇몇 작곡가의 음악만 줄곧 연주해 가지고는 시장에서 경쟁력을 가질 수가 없습니다. 끝없이 노력하고, 연구하고, 혁신하고, 변화하지 않으면 시장은 저만치 앞서가는데 나 홀로 뒤에 한참 처져 세월 탓이나 하고 있어야 합니다. 뻔한 음악, 뻔한 연주, 뻔한 무대는 청중과 관객을 불러 모을 수 없지요. 제가 제일 싫어하는 게 그런 것입니다. 저는 아직도 무대에 설 때마다 긴장되고 흥분됩니다. 오늘 내가 오르는 무대가 최초, 최고, 최상의 무대이기 때문입니다. 저는 연주회 때마다 주제를 다르게 선정하고, 프로그램에 변화를 주며, 연주에 혁신을 시도합니다. 전에 했던 연주와 프로그램을 답습하면서 시장을 창조한다는 건 어불성설이니까요.

기업은 더더욱 시장에 민감하죠. 어느 한 제품이 히트했다고 해서 마르고 닳도록 오랫동안 안정적으로 그 제품만 만들면서 기업을 이끌어간다는 건 불가능합니다. 아차, 하는 사이에 시장은 완전히 달라져버립니다. 잘나갈 때 새로운 시장을 만들고, 탄탄대로처럼 보일 때 미래를 개척하지 않으면 순식간에 시장은 사라지고 맙니다. 시장이란 참으로 무서운 것이지요. 대량생산을 기반으로 한 동질적인 제품의 차별화 가지고는 이제 고객들에게 매력을 선사할 수 없습니다. 고객들이 확 달라진 변화를 실감할 수 있도록 새로운 매력과 욕구를 충족시킬 만한 제품을 만들어야 합니다. 그러려면 고객과 시장을 알아야 하고, 고객과 시장을 알려면 시대정신을 읽을 줄 알고, 인문적 풍토를 이해할 줄 알며, 사람들의 생각과 정서와 문화를 파악할 수 있어야 합니다. 그것이 바로 다방면에 걸친 교양과 지식을 갖춘 통찰력 있는 리더입니다.

저는 종종 미술관 로비에서 작은 음악회를 열곤 합니다. 관람 시간이 끝난 뒤 로비에서 클래식 음악이 연주되면 미술품을 관람하러 왔던 사람들이 호기심 가득한 눈으로 모여듭니다. 실내악의 아름다운 선율은 미술 작품 관람으로 미적 충만함에 빠진 사람들의 심성을 황홀함으로 가득 채워줍니다. 뜻밖의 선물에 감동한 듯 청중들은 어떤 우아하고 거창한 음악회 때보다 더 뜨거운 박수와 환호를 보내줍니다. 적은 인원으로 구성된 실내악은 어디서든 연주가 가능합니다. 아마 이제 그들은 미술 전시회를 찾는 중간에 분명 음악회도 찾게 되리라 믿습니다.

동대문시장 주차장이나 명동 중앙로 한복판 등에서 진행된 연주회도 마찬가지였어요. 수많은 사람들이 왕래하느라 정신없이 어수선한 곳에서 어떻게 클래식 음악을 연주할 수 있다는 말인가? 반대도 많았고 이해할 수 없다는 반응도 있었습니다.

하지만 연주가 시작되자 왁자지껄했던 소음은 사라지고 경쾌하고 청아한 선율의 클래식 음악이 시장과 길거리를 가득 메웠지요. 차이콥스키와 멘델스존과 엘가 같은 음악가들이 한국의 시장과 길거리를 오가는 상인이나 행인과 만나 시대와 국적을 초월해 클래식 향연에 흠뻑 취해버린 낭만의 밤이었답니다. 제 눈에는 그들이 전부 클래식 애호가로 보였고, 사람들이 모인 그곳이 바로 음악의 시장으로 보였습니다.

장르의 경계를 허물다

● "학창 시절에 영화를 좋아하지 않은 사람이 어디 있겠습니까만, 저는 음악을 하지 않았더라면 영화감독이 됐을 겁니다. 제가 영화를 참 좋아하고, 영화에 대한 애정이 남다르거든요. 영화감독은 판타지가 필요한 역할이라는 점에서 오케스트라의 지휘자와 비슷합니다."

언젠가 한 잡지사 기자와 가진 인터뷰에서 만약에 지휘자가 되지 않았다면 무슨 일을 하고 있을 것 같으냐는 질문을 받고 제가 했던 대답입니다. 이는 얼떨결에 나온 말이 아니었습니다. 저는 요즘도 가끔 영화를 보다가 눈물을 흘리곤 합니다. 순간 제가 울고 있다는 사실이 저를 무척 행복하게 만듭니다. 사람이 울 수 있다는 건 삶에 대한 깊은 애정이 있다는 증거이기 때문이죠. 영화가 위대한 것은 사람에게 감동을 줌으로써 보이지 않는 곳에 내재돼 있는 감성을 이끌어낸다는 데 있습니다. 이는 음악이 주는 감동, 음악이 갖는 위대함과 일맥상통한 겁니다.

젊은 날 저를 감동시킨 영화 중 가장 좋아하는 작품은 영국 출신 데이비드 린 감독의 〈아라비아의 로렌스〉입니다. 아랍 민족운동을 이끈 영국군 장교 토머스 에드워드 로렌스의 일생을 그린 작품으로 1962년 개봉돼 세계적으로 크게 히트하며, 1963년 아카데미 시상식에서 작품상을 비롯해 무려 7개 부문을 석권했지요. 스크린을 가득 채운 광활한 사막도 인상적이었지만 아카데미 음악상을 수상한 프랑스 작곡가 모리스 자르와 런던 필하모닉 오케스트라가 연주한 장엄한 음악은 영화의 완성도를 크게 높여줬습니다. 고등학생 때 봤던, 제임스 딘과 엘리자베스 테일러가 주연으로 활약한 〈자이언트〉도 아직까지 기억 속에 깊이 남아 있는 영화입니다.

지휘자가 된 이후 제 관심은 영화음악으로 이어졌습니다. 2001년부터 대전에서 개최되기 시작한 '대한민국 세계 청소년 영화제'에 참여해 세계 각국에서 온 청소년들에게 바흐와 비발디를 비롯한 정통 클래식 음악에 더해 꿈과 상상력을 키워주기에 안성맞춤인 영국 작곡가 벤저민 브리튼의 〈청소년을 위한 관현악 입문〉 등을 연주했습니다.

2013년에는 방은진 감독이 만든 영화 〈집으로 가는 길〉의 OST 연주를 지휘하기도 했지요. 생활비를 벌기 위해 프랑스로 건너간

아내가 범죄에 연루돼 마약범으로 체포되면서 아내를 구하기 위해 남편이 벌이는 애절한 순애보를 그린 영화랍니다. 2013년 12월 9일 저녁 7시 30분 경희대학교 평화의전당에서는 이 영화의 개봉을 앞두고 시사회를 겸한 송년 오케스트라 콘서트가 개최됐습니다. 주인공인 전도연 씨와 고수 씨 등이 참석한 가운데 팬미팅을 먼저 한 뒤 유로아시안 필하모닉 오케스트라의 콘서트에 이어 영화가 상영됐습니다. 영화와 오케스트라의 아름다운 만남을 통해 예술과 문화의 융합이 이토록 큰 시너지를 낼 수 있구나 하는 걸 깨달은 밤이었습니다.

저는 음악이 귀로만 감상하는 예술이라고 생각하지 않습니다. 오감이 모두 동원되는 감각의 예술이 음악이라고 생각합니다. 그래서 저는 음악회에서 시각적 요소를 매우 중요시한답니다. 어느 날 리허설을 하면서 보니까 세종문화회관 대극장 무대가 너무 건조하고 밋밋하게 느껴졌습니다. 객석에서 청중들이 무대를 바라봤을 때 시각적 요소가 빈약하면 음악에 대한 집중도도 떨어집니다. 오감이 다 열려 있어야 음악도 더 잘 들리는 법이죠. 저는 모형 나무를 구입해 단원들이 앉아 있는 구석구석에 배치했답니다. 오케스트라가 자리를 잡자 무대가 훨씬 더 생동감 있고 풍성하게 보였습니다. 오페라 아리아를 연주할 때 무대를 설치미술 공간으로 활용한다든지, 비제의 〈카르멘〉을 공연할 때 무대에 붉은색과 검은색 기둥을 설치해 '열정'과 '죽음'을 상징하게 한다든지 하는 건 전부 시각 효과를 통해 음악의 의미를 전달하기 위한 것입니다. 시각과 청각은 상호작용을 하는 까닭에 무대에서 연출되는 이미지는 그만큼 중요합니다.

저는 미술이나 건축이나 디자인에도 상당한 흥미가 있습니다. 일요일 오전 특별한 일이 없을 때는 동네 서점을 찾아 이 분야의 책들을 살펴보곤 합니다. 독일 유학 시절부터 갖게 된 일종의 습관이지요. 당시에는 도서관에 들러 건축과 디자인에 관한 책들을 즐겨 읽었습니다. 제가 가장 소중히 여기는 책은 세계 각국의 '연'을 소재로 다양한 화가들의 그림을 모아놓은 책입니다. 1990년대 초 러시아를 여행하다 구입했는데, 볼 때마다 무한한 상상력을 자극한답니다.

추상화와 현대미술 작품 또한 좋아합니다. 제 사무실 한쪽 서가에는 클림트 작품집과 한국 근현대 화가의 작품집, 그리고 해외에 나가서 구입해 온 디자인 서적들이 꽂혀 있습니다. 이런 책을 보면서 저는 음악에 대한 새로운 영감과 시각적 아이디어를 얻습니다. 이런 영감과 아이디어는 무대를 꾸밀 때는 물론 포스터나 팸플릿 등 홍보물을 만들 때도 많은 도움을 줍니다. '베토벤 페스티벌'이 열릴 때는 포스터에 베토벤과 제 캐리커처를 나란히 그려 넣었습니다. 베토벤의 음악을 금난새가 연주한다는 걸 강하게 부각시켜 음악회의 이미지로 연결한 겁니다.

"저희가 신당동에 새로 충무아트홀을 개관하게 됐습니다. 1,000 여 석 규모의 홀을 가진 다목적 공연장입니다. 유로아시안 필하모닉 오케스트라가 여기 입주하신다면 연습실과 사무실 공간을 무료로 제공해드리겠습니다. 구민들을 위해 가끔씩 연주회만 해주시면 됩니다."

어느 날 서울시 중구청 관계자로부터 한 통의 전화를 받았습니다. 저는 직접 개관을 앞둔 충무아트홀을 둘러봤습니다. 상당히 공을 들인 좋은 시설이었죠. 그때까지 우리는 국립중앙도서관에 입주해 있었습니다. 처음에는 1년 동안만 실험적으로 해보자고 했지만 음악회에 대한 반응이 워낙 좋았기 때문에 나가라는 소리를 하지 않아 5년째 머물고 있었어요. 그동안 유로아시안 필하모닉 오케스트라는 쇄도하는 공연 요청을 감당하기 어려울 만큼 비약적인 성장을 이뤘습니다. 보금자리를 옮겨야 할 때라는 생각이 들 무렵 적절한 제안이 들어온 것이죠. 단원들과 상의한 결과 모두가 대찬성이었습니다. 2005년 봄, 우리는 충무아트홀에 새 둥지를 틀었습니다.

충무아트홀에 입주하면서 중구청과 계약서를 작성했습니다. 3년 동안 상주하면서 연간 8회에 걸쳐 주민들을 위해 정기 공연을 한다는 내용이었습니다. 우리로서는 예산 지원은 없지만 최고의 연습 공간과 사무실을 제공받는다는 이점이 있었고, 중구청으로서는 자생력을 갖춘 벤처 오케스트라를 유치함으로써 새로 개관한 공연장의 가치를 높이게 됐다는 이점이 있었습니다.

"3년 후에는 충무아트홀에서 먼저 발목을 잡고 싶은 단체가 될 겁니다. 이것은 결코 자만이 아닙니다. 땀 흘려 노력해서 우리의 가치를 최고로 높이겠다는 결의에 찬 다짐입니다."

입주하면서 제가 단원들에게 했던 말입니다. 이 말은 그대로 실현됐지요. 그해 우리는 31개 지역을 돌며 130회의 공연을 소화했고, 우리 오케스트라의 연주를 듣기 위해 공연장을 찾은 청중들은 13만 명을 넘어섰습니다. 그 후 우리는 10년이 넘도록 충무아트홀을 지키고 있습니다.

충무아트홀은 스포츠센터와 컨벤션센터에 갤러리, 카페테리아, 레스토랑까지 갖춘 복합 문화 공간입니다. 저는 이곳이야말로 예술과 문화의 다양한 융합을 시도해볼 만한 실험적 공간이라고 생각했습니다. 충무아트홀과 제가 첫 번째로 시작한 프로젝트는 '금난새 페스티벌'이었습니다. 재즈, 영화, 오페라, 발레, 교향곡 등 다양한 장르와 함께 대규모 오케스트라에서부터 챔버 오케스트라와 실내악, 콰르텟, 갈라 콘서트 등 다채로운 편성으로 예술과 문화가 청중들에게 선사할 수 있는 풍성한 식탁을 마련하게 된 것이지요. 2010년 첫 번째로 선보인 '금난새 페스티벌'의 반응은 대단했답니다. 무대와 객석의 간격을 더욱 좁힌 결과 청중들은 환호했습니다.

장르의 경계를 허물었지만 내용은 더 깊이가 있었고, 파격적인 실험에 목말라 있던 청중들은 만족스러워했습니다. 저는 제 이름을 걸고 해마다 이어가는 페스티벌 무대에 탄탄한 실력을 갖춘 젊은 음악가들과 예술인들, 그리고 예술을 사랑하는 아마추어 단체들까지 거리낌 없이 세우고 있습니다. 예술은 어느 분야든 상상력을 통해 하나로 융합된다고 믿기 때문입니다.

비빔밥 같은
화음을 만들자

지휘자로서 제가 가장 경계하는 건 불협화음입니다. 연주에서의 불협화음뿐만 아니라 단원들 사이의 인간관계에 있어서도 불협화음은 절대 금물입니다. 지휘자의 삶이란 곧 불협화음과의 기나긴 전쟁이라고 해도 과언이 아닙니다. 저도 지난 세월 동안 겪었던 수많은 불협화음에 대해 이야기하자면 여러 권의 책으로도 부족할 지경입니다. 무대 위에서의 불협화음을 예방하는 길은 연단鍊鍛과 창조뿐이며, 무대 밖에서의 불협화음을 최소화하는 길은 인내와 성찰뿐입니다.

저는 요리를 좋아합니다. 바이올린을 전공한 아내가 영국으로 유학을 갔을 때나 두 아들이 유럽으로 공부하러 떠났을 때 저는 불편한 것 없이 집에서 간단한 요리를 혼자 해 먹었습니다. 잘하지는 못하지만 제 식대로 거리낌 없이 요리를 합니다. 언젠가 이런 말을 한 적도 있답니다.

"저는 앞으로 지휘를 그만두게 된다면 작은 포장마차라도 기꺼이 차릴 생각입니다. 요리를 하는 게 즐겁기만 하다면야 남들이 나를 어떻게 보든지 그게 뭐 대수이겠습니까?"

지휘자는 요리사와 같습니다. 여러 가지 재료를 가지고 맛있는 음식을 만들어내는 요리사처럼 다양한 악기를 다루는 연주자들을 음악이라는 그릇에 아름답게 담아내는 게 지휘자이기 때문이죠.

오케스트라를 요리에 비유하자면 어떤 요리가 될까요? 저는 스테이크보다는 비빔밥이 적격이라고 생각합니다. 생각과 기질이 상이한 사람들이 모여 저마다 다른 악기를 연주하지만 불협화음을 일으키지 않고 한데 잘 섞이고 어울려 비빔밥처럼 융합하는 게 바로 오케스트라인 까닭입니다. 그렇다면 제 요리의 지향점은 최고의 비빔밥을 만들어내는 일이 될 것입니다.

스토리를 만드십시오

모든 것은
메시지가 있다

● 　제 고향은 부산입니다. 어릴 때 살았던 집은 꽤 규모가 컸습니다. 6·25 전쟁이 끝날 무렵 저는 여섯 살이었죠. 부산은 피난민들로 북새통을 이뤘는데, 아버지와 인연이 있던 음악가들은 우리 집에서 머무는 경우가 많았습니다. 아버지는 그 와중에도 집에 피아노를 한 대 들여놓으셨습니다. 크리스마스이브가 되면 아버지는 부산에 머물던 음악가들을 집으로 초대해 음악회를 겸한 조촐한 파티 같은 걸 열곤 하셨지요. 비록 암울한 시기였지만 음악에 대한 애정과 향수를 잃지 않으면서 새로운 희망을 갖고 살자는 의도에서 그렇게 하셨던 것 같습니다. 밤늦게 손님들이 돌아가시고 잠자리에 들면 저는 깊은 잠에 빠질 수가 없었습니다. 산타클로스 때문이었답니다.

"와, 벌써 산타 할아버지가 다녀가셨네? 도, 레, 이게 내 거구나.

하하하, 신난다!"

크리스마스 아침에 눈을 떠 부리나케 밖으로 나가 보면 집 앞 계단에 '도레미파솔'까지 차례로 선물이 놓여 있었습니다. 우리 형제가 다섯이니 선물도 매번 다섯 개였습니다. 저는 둘째라서 두 번째, 즉 '레'에 해당하는 게 제 것이었습니다. 음악가다운 아버지의 이벤트 때문에 저는 해마다 크리스마스 새벽이면 어김없이 하얗고 긴 수염을 휘날리며 산타클로스 할아버지가 나타나 우리 오형제에게 선물을 주고 간다고 철석같이 믿고 있었지요. 지금도 부산 시절을 돌아보면 늘 그 장면이 먼저 떠오르곤 합니다. 아버지와 크리스마스와 산타클로스와 계단에 도레미파솔로 나란히 놓여 있던 선물, 이것이 제 유년의 가장 아름다운 추억이자 감동적인 스토리입니다.

저는 인생이란 각자가 만들어가는 스토리고, 하루하루의 삶은 언젠가 완성될 스토리를 풀어나가는 스토리텔링이라고 생각합니다. 그래서 내가 사는 공간, 내가 쓰는 물건, 내가 하는 일에 대해 나만의 개성 있는 스토리를 구상하며 살아야 한다는 입장입니다. 아무 의미 없이 어떤 가치도 두지 않고 대충 하는 걸 싫어합니다. 아내와 두 아들을 위한 것이기도 하지만 제 자신을 위해 저는 집 꾸미는 걸 좋아합니다. 나무를 사다가 가구를 만들고 직접 페인트를 칠해 집 안 여기저기에 배치하지요. 외국에 나갈 때마다 사 온 유리병을 적절한 곳에 놓아둬 분위기를 살리기도 합니다.

적당한 위치에 좋아하는 그림을 걸고, 등이나 전구 하나에도 세심하게 신경을 씁니다. 누구든 우리 집에 들어오면 금난새의 스토리를 읽을 수 있도록 하려는 것입니다.

서울예고 교장실로 저를 만나러 오는 사람마다 방이 너무 예쁘다며 세상에서 가장 아름답고 클래식한 교장실이라는 칭찬을 아끼지 않습니다. 서울예고 교장실은 누구나 떠올리는 그런 딱딱한 이미지의 교장실과는 거리가 멀어요. 전부 제가 생각해서 꾸민 인테리어랍니다. 유로아시안 필하모닉 오케스트라는 컬러에 대단히 민감합니다. 해마다 우리가 지향하는 목표와 시대적 상황을 반영해 주제가 되는 컬러를 정하기 때문입니다. 어떤 해에는 푸른색, 어떤 해에는 초록색, 어떤 해에는 노란색 등으로 우리만의 스토리를 드러냅니다.

패션계의 전설로 통하는 이재연 회장이 만든 '모델라인'에서는 해마다 연말이면 '베스트 드레서'를 선정해 발표합니다. 저는 여기서 3년 연속 베스트 드레서로 뽑히기도 했습니다. 명품이나 비싼 옷이 좋은 게 아닙니다. 나에게 어울리는 옷이 좋은 옷입니다. 저는 셔츠와 넥타이, 슈트와 캐주얼, 카디건이나 연미복까지 제가 직접 사고 골라 입습니다. 저만의 개성을 살리면서 친근하고 세련된 이미지를 좋아합니다.

음악가들에게도 저마다 스토리가 있습니다. 이런 스토리들은 그들이 만든 음악에 반영되지요. 우리가 음악을 들을 때 화음과 멜로디에만 집중하다 보면 그 안에 담긴 메시지를 놓치는 경우가 많습니다. 음악은 소리로 듣지만 메시지는 머리와 가슴을 통해 울림으로 감지해야 합니다. 음악을 감상할 때 메시지도 함께 들으려고 노력해보십시오. 나와 전혀 상관없던 작곡가가 내 곁에서 웃고 있는 걸 발견하게 될 겁니다.

최고의 순간을
연출하라

저를 보고 클래식 음악계의 스티브 잡스라고 부르는 사람들이 있습니다. 고마운 말이지만 저는 그 사람처럼 천재적인 인물은 아닙니다. 하는 일도 너무나 다르고요. 하지만 언제부턴가 이런 이야기를 듣다 보니 스티브 잡스라는 사람이 굉장히 친근하게 느껴지더군요. 돈키호테 같다는 측면에서 보자면 저와 스티브 잡스는 닮은 부분도 많은 듯합니다.

그는 파란만장했던 인생만큼이나 자신이 만든 제품에 독특한 개성과 스토리를 담아내기 위해 심혈을 기울인 CEO였습니다. 소비자들에게 주목을 받는 제품은 기능뿐 아니라 모양과 색깔 등 디자인 요소가 결정적이라는 신념을 가지고 있었지요. 사업가로 시작했지만 그는 점점 세상의 변화를 선도해나가는 선지자적 인물로 탈바꿈했습니다. 수많은 청중들 앞에서 청바지와 검은색 셔츠 차림으로 신제품을 설명하는 그의 모습은 디지털 시대의 서막을 알리는 상징적인 장면이었죠. 그는 사람들이 무엇을 좋아하는지, 어떤 디자인을 선호하는지를 파악하는 데 천재적인 감각을 지니고 있었던 것 같습니다. 그는 애플의 제품 속에 고도의 과학 기술 문명과 함께 인문학적 교양과 인간이 녹아드는 것을 꿈꾼 진정한 융합주의자이기도 했습니다.

무엇보다 그는 프레젠테이션의 귀재였습니다. 1980년대 초 매킨토시가 출시됐을 때부터 2010년 아이패드가 출시됐을 때까지 30여 년 동안 그는 오케스트라의 지휘자처럼 무대 위에서 자신을 불사르며 프레젠테이션의 개념을 완전히 뒤바꿔놓았습니다. 기존의 프레젠테이션은 정보 전달에만 치우친 따분한 슬라이드 쇼에 지나지 않았지요. 청중들이 무엇을 듣고 싶어 하는지를 고민하지 않은 채 전달자가 자기가 하고 싶은 말만 늘어놓는 게 일반적인 프레젠테이션의 모습이었습니다.

하지만 스티브 잡스는 프레젠테이션을 눈물과 감동이 공존하는 한 편의 완벽한 드라마로 만들어버렸습니다. 청중들은 열정에 찬 그의 프레젠테이션에 환호했습니다.

그의 프레젠테이션을 요약하자면 스토리에 집중하는 것이었습니다. 대부분의 사람들은 프레젠테이션을 앞두고 슬라이드를 정리하기 위해 파워포인트부터 찾지만 스티브 잡스는 종이를 꺼내놓고

펜을 들어 스토리를 구성하는 데 집중했습니다. 화가가 그림을 그리기에 앞서 데생을 하듯, 작곡가가 악상이 떠오르면 오선지를 찾듯, 아날로그식으로 백지 위에 스토리를 설계하는 것입니다. 아이디어를 구상하고, 흥미로운 메시지와 헤드라인을 만들며, 청중들이 쉽게 따라올 수 있도록 줄거리를 세우면서 공공의 적을 내세워 드라마를 구성하는 데 총력을 기울였습니다. 스티브 잡스는 혁신의 선구자였지만 탄탄한 스토리를 만들어내는 능력이 탁월했습니다.

"도대체 내가 왜 이 프레젠테이션에 관심을 가져야 하는 거지?"

그의 프레젠테이션은 이 같은 청중들의 질문에 답하기 위한 것이었습니다. 내가 하고 싶은 말을 쏟아내는 장이 아니라 청중들이 궁금해하는 질문에 명쾌한 해답을 제시하는 장으로서 프레젠테이션이 필요했던 것이죠. 이것이 다른 사람들과 그가 다른 점이었습니다. 그의 스토리는 짧막하면서도 강렬한 헤드라인으로 재탄생했습니다. 수많은 정보가 제공되지만 막상 끝나면 아무것도 기억에 남지 않는 프레젠테이션이 아니라 제품의 혜택과 특징을 헤드라인으로 요약해 세 번 이상 반복함으로써 잊지 못할 절정의 순간을 연출하는 겁니다. 그의 제품이 하나의 물건이 아니라 스토리가 되고, 시대의 상징이 될 수 있었던 건 바로 이 때문이었습니다.

"애플이 전화를 다시 발명했습니다. 그 이름은 아이폰입니다."

"아이팟은 1,000곡의 노래를 당신의 호주머니 속에 넣어줍니다."

"맥북 에어는 세상에서 가장 얇은 노트북입니다."

"아이팟 셔플은 껌 한 통보다 작고 가볍습니다."

그가 만든 헤드라인은 이런 식입니다. 간단하고 기억하기 쉽지만 핵심은 다 들어 있어요.

스티브 잡스는 청중들이 아무리 많아도 언제나 편안한 표정과 자연스러운 몸짓으로 친구들에게 새 물건을 소개하듯 이야기했습니다. 그러나 이런 모습 뒤에는 치밀한 각본과 지독한 연습이 숨어 있었지요. 말 한 마디, 손동작 하나, 걸음걸이, 눈빛, 적절한 위트, 즉흥적인 이벤트, 심지어 짧은 침묵이나 억양까지도 모두 다 그가 작성한 스토리에 기반을 둔 것이었답니다. 그는 메시지의 대부분을 외울 만큼 완벽하게 숙지한 다음 프레젠테이션 내내 청중들과 눈을 맞추며 이야기를 이어나갔습니다. 따라서 청중들은 강의를 듣는 게 아니라 그와 대화를 나눈다고 생각한 것입니다. 그는 리허설 기간 동안 마음에 들지 않는 부분이 있으면 마음에 들 때까지 끝없이 연습해서 고치는 완벽주의자이자 지독한 연습 벌레였다고 합니다.

오케스트라의 지휘자라면, 기업의 CEO라면, 한 조직의 리더라면 스티브 잡스처럼 늘 새로운 상상력과 새로운 아이디어와 새로운 꿈과 새로운 스토리에 굶주려 있어야만 합니다.

세계를 향한
스토리를 만들다

서울예고는 상당한 실력과 자질을 갖춘 학생들이라야 입학할 수 있습니다. 그래서 입시철만 되면 많은 학생들의 희비가 엇갈리곤 합니다. 합격한 학생들은 기쁨에 들뜨기 쉽고, 불합격한 학생들은 낙심하기 쉽지요. 이런 분위기를 잘 알기에 입시가 끝나면 갖는 두 가지 모임이 있습니다.

하나는 불합격한 학생들과 부모님을 학교로 초청해 대화하는 시간을 갖는 겁니다. 합격이 되지 않은 터라 참석을 주저하거나 응하더라도 의기소침한 표정을 하고 있는 분들이 대부분이죠.

"자신감을 가지십시오. 이제 겨우 한 번 기회를 놓친 것뿐입니다. 앞으로도 얼마든지 기회가 있답니다. 우리 학교를 다시 들어올 수도 있고, 다른 학교를 갈 수도 있습니다. 여러분들이 어떤 미래를 열어갈지 아무도 모릅니다. 저도 중학교, 고등학교, 대학교 입학시험에 세 번이나 떨어졌던 사람입니다. 그런데 누가 지금 저에게 옛날에 입시에 세 번이나 떨어진 사람이라고 뭐라 하는 사람 있습니까? 최선을 다해 다시 도전하면 좋은 결과가 있을 겁니다."

학교를 둘러보고 교장과 대화를 나눈 뒤 돌아가는 그들의 발걸음은 한결 가벼워 보인답니다.

다른 하나는 합격한 학생들과 부모님을 학교 강당으로 초청해 '교장 선생님과 함께하는 토크 콘서트'를 여는 겁니다. 합격한 학생들은 입학식 때까지 해방감을 만끽하며 놀러 다니거나 쓸데없는 데 시간을 낭비하는 경우가 많습니다. 저는 이 소중한 시간을 잘 활용할 수 있게끔 합격자 발표가 난 후 무용, 미술, 음악 전공별로 각각 콘서트를 갖습니다. 생전 처음 접하는 특별한 행사에 참석하게 된 학생들과 학부모들은 호기심 가득한 얼굴로 무대를 주시합니다.

"여러분, 반갑습니다. 교장 금난새입니다. 서울예고에 합격한 걸 다시 한 번 축하드립니다. 오늘 이렇게 학생들과 학부모님들을 모신 건 앞으로 예술가의 길을 걷게 된 학생들이 어떤 마음가짐으로 학교생활을 하고 미래를 설계해나가야 할지 진지하게 이야기를 나누고, 또 학부모님들이 자녀들을 어떻게 돌보고 지도하며 지켜봐야 할지에 대해서도 속내를 터놓고 이야기를 나누고 싶어서입니다. 아무쪼록 편안한 자세로 콘서트를 즐겨주시기 바랍니다."

콘서트는 1부 공연에 이어 2부 대화가 진행됩니다. 신입생들을 위해 선배들이 준비한 공연은 실내악 앙상블, 현악 4중주단 연주, 피아노와 바이올린의 협주, 발레, 중창, 오페라 공연 등 그때마다 다양한 프로그램으로 꾸며집니다. 저는 연주자를 소개하고 연주자가 무대로 나와 공연을 한 다음 퇴장할 때까지 모든 과정을 하나하나 짚어가며 교육하는 시간으로 삼습니다.

"아니, 그렇게 쭈뼛거리면서 죄지은 사람처럼 입장하면 안 돼요. 당당하게 허리를 쭉 펴고 시선은 청중들을 향하면서 미소를 짓고 들어와야 해요. 나갔다가 다시 한 번 들어오세요."

"아니죠, 아니죠. 퇴장할 때도 마찬가지예요. 이제 다 끝났다, 하고 막 나가면 안 돼요. 들어올 때랑 똑같이 청중들의 박수에 화답하면서 나가야 해요. 들어왔다 다시 나가보세요."

"무대에 올라와서 내려갈 때까지의 모든 과정이 다 연주랍니다. 발걸음, 시선, 표정, 악보 넘길 때, 인사할 때, 몸짓 하나하나에 프로페셔널다운 매너와 교양과 품격이 있어야 해요."

"연주자가 입장할 때, 연주를 마쳤을 때, 퇴장할 때 아낌없는 박수를 보내주십시오. 특히 부모님들은 자녀들의 연주와 진로와 인생에 대해 항상 뜨거운 박수를 보내주셔야 합니다."

신입생들을 환영하는 무대에 오른 재학생 선배들 중에는 이미 외국의 유명 콩쿠르에 입상한 학생도 있고, 유럽과 미국의 이름난 연주회장 무대에 올라 공연했던 경험을 가진 학생들도 있습니다.

저는 이런 좋은 선배들의 무대를 보며 신입생들이 보다 큰 꿈과 도전 정신을 갖게 되길 바랍니다. 아울러 학부모들도 내 자식만 잘되면 그만이라는 좁은 생각에서 벗어나 서로 소통하고 융합할 줄 아는 아이로 양육하려는 넓은 생각을 갖게 되길 원합니다. 그래서 콘서트의 콘텐츠는 언제나 독주가 아닌 협연입니다. 2부에서는 전공별 선생님들이 모두 등장해 학교생활에 대해 설명하고, 허심탄회한 대화를 통해 학생들과 학부모들의 궁금증을 풀어줍니다.

"입학식 때까지 시간이 많이 남아 있습니다. 놀고도 싶고 여행도 가고 싶겠지만 훌륭한 예술가가 되기 위해 조금이라도 더 땀 흘리는 게 중요합니다. 선생님들이 여러분을 위해 좋은 프로그램을 짜서 아카데미를 준비했답니다. 함께 협력해서 앙상블을 이루는 훈련입니다. 빠짐없이 다 참석해주시기 바랍니다. 부모님들께서 아이들을 꼭 챙겨서 보내주십시오."

'교장 선생님과 함께하는 토크 콘서트'의 반응은 아주 좋습니다. 학생들도 그렇지만 학부모들의 반응이 예상보다 뜨겁지요. 제가 교장으로 있는 한 이 콘서트는 진화를 거듭해나갈 것입니다.

유로아시안 필하모닉 오케스트라가 꿈꾸는 스토리 중 하나는 클래식 음악의 본고장인 유럽에 한국 음악가들이 새롭게 만든 클래식 음악을 수출하는 겁니다. 이는 우리가 미국에 자동차를 수출하고, 유럽에 스마트폰을 수출하는 것과 다르지 않습니다. 허황된 이야기라고 일축할 사람도 있겠지만 한국 젊은 음악가들의 실력은 세계 어디에 내놔도 뒤지지 않는답니다. 유로아시안 필하모닉 오케스트라는 2001년 9월 이탈리아에서 자체 음반을 녹음하고, 세 차례에 걸친 순회 연주를 가진 데 이어, 2006년 5월 유럽 문화의 상징적 공간인 프랑스 파리 남서쪽에 위치한 베르사유 궁전 왕실 예배당에서 세계조폐국장 총회 초청 연주회를 가졌습니다. 저는 부시 전 미국 대통령을 비롯해 세계 각국에서 참석한 외교 사절들 앞에서 영어로 해설을 곁들이며 연주를 이어갔습니다. 그들은 전원 기립 박수를 보내며 대만족을 표시했습니다.

곧바로 르 브리스톨 파리 호텔로 자리를 옮긴 우리는 OECD 회의가 끝난 후 도널드 존스턴 사무총장 퇴임 기념 송별 연주회를 가졌습니다. 세계 여러 나라에서 온 정상들과 정치인, 경제인들이 모인 자리에서 한국의 젊은 연주자들은 유감없이 실력을 발휘했지요.

그해 8월에는 동유럽으로 날아갔습니다. 아드리아해의 숨은 보석으로 불리는 옛 유고 연방 크로아티아 초청 무대를 가진 뒤 바로 옆 나라인 슬로베니아에서 열리는 동유럽을 대표하는 여름 축제 '류블리아나 페스티벌' 초청 음악회에 참여했습니다. 2007년에는 이탈리아 밀라노에서 연주 여행을 갖기도 했어요. 가는 곳마다 사람들은 한국의 클래식 수준에 깜짝 놀라며 "원더풀!"을 연발했답니다.

이런 노력들이 쌓여 2015년 9월에는 우리나라에서 '비세그라드 음악 축제'를 개최했습니다. 비세그라드는 구소련이 붕괴한 1991년 결성된 헝가리, 체코, 폴란드, 슬로바키아 4개국의 연합체입니다. 폴란드는 쇼팽, 체코는 말러 등 위대한 음악가들이 탄생한 지역이지요. 슬로바키아의 수도 브라티슬라바는 음악의 도시인 오스트리아 빈과 한 시간 거리에 불과할 정도로 가깝습니다. 저는 2014년 슬로바키아 필하모닉 오케스트라를 지휘한 데 이어, 2015년 1월에는 슬로바키아 라디오 심포니 오케스트라 수석 객원 지휘자를 맡으면서 비세그라드와 인연을 맺었습니다.

이 지역과 한국의 문화 교류가 더욱 확대돼야 한다는 생각으로 음악감독을 맡은 저는 각 나라의 연주자들을 섭외해 초청하고 프로그램을 기획했습니다. 음악과 외교의 아름다운 융합이었습니다. 부산문화회관 중극장에서의 공연을 끝으로 한국에서의 연주를 모두 마친 우리는 브라티슬라바로 건너가 세 차례 공연을 가졌습니다. 이 공연에는 '유로아시안 뮤직 페스티벌'이라는 제목을 붙였습니다. 우리가 외국의 다양한 음악 축제에 참여하고 유럽에 가서 공연을 하는 것도 중요하지만, 우리 땅에 그들을 초청해 음악 축제를 갖는 것도 꼭 필요한 일이라고 생각했습니다. 해마다 횟수를 거듭할수록 아시아와 유럽 전체를 아우르는 음악 축제로 발전하리라 기대하고 있습니다.

음악은 만국 공통어입니다. 역사와 문화와 종교와 언어가 다른 사람끼리도 음악으로 얼마든지 대화가 가능하고 하나가 될 수 있지요. 외교관과 기업인이 할 수 없는 일을 음악이 대신 하기도 합니다. 그런 의미에서 음악은 영어보다 강력한 언어이며, 외교관보다 뛰어난 외교술이라고 할 수 있습니다.

내게 가장
강렬했던 스토리

2006년 7월 무더위가 기승을 부리던 어느 날 김문수 경기도지사가 충무아트홀에 있는 사무실로 저를 찾아왔습니다. 우리는 2주 전에 열린 6·25 전쟁 기념 음악회에서 만난 일이 있었습니다.

"지난번 연주회는 정말 감동적이었습니다. 잘 아시겠지만 경기도에서 운영하는 예술 단체 중에 '경기도립오케스트라'가 있습니다. 지금 지휘자가 공석 중인데…… 금 선생님 지휘를 보면서 음악 감독으로 모시고 싶어 이렇게 찾아왔습니다. 꼭 좀 맡아주셨으면 좋겠습니다."

"도지사님 말씀은 참 감사하지만…… 제가 워낙 바빠서 다른 일을 할 시간이 없습니다."

"그동안 유로아시안 필하모닉 오케스트라의 발전 과정을 쭉 지켜보고 있었습니다. 대단하더군요. 경기도립오케스트라를 비약적으로 발전시킬 분은 금 선생님뿐이라고 생각합니다. 경기도 일대에 문화의 향기가 퍼져 나갈 수 있도록 최고의 오케스트라를 만들어주십시오."

그는 필요하다면 지휘자에게 도지사보다 더 많은 연봉을 줄 수도 있다고 했습니다. 저는 시대가 바뀌면서 정치인들의 생각도 많이 변했다는 걸 실감했습니다. 그로부터 3개월 뒤 저는 오케스트라 이름을 '경기 필하모닉 오케스트라'로 바꾼 뒤 새로운 음악감독으로 취임했습니다. 경기 필하모닉 오케스트라는 1997년 처음 설립될 때 팝스 오케스트라로 출발했기 때문에 그 뒤 정통 오케스트라의 변모를 갖추었음에도 불구하고 음악계로부터 제대로 된 평가를 받지 못하고 있었지요. 이는 제도권 오케스트라로부터 유로아시안 필하모닉 오케스트라가 충분히 인정받지 못하는 것과 같은 맥락이었습니다. 저는 이런 편견을 깨기 위해 경기 필하모닉 오케스트라에 벤처 정신을 불어넣고자 했습니다. 시달릴수록 더욱 강해지는 오케스트라를 만들고 싶었습니다.

그해 10월 20일 '새로운 시작'이라는 이름으로 첫 정기 연주회가 열렸습니다. 장소는 수원에 있는 '경기도 문화의전당'이었습니다. 수원시향에 있을 때 수없이 무대에 올랐던 곳이었지요. 1962년 존 F. 케네디 대통령 초청으로 백악관에서 연주를 가졌으며, 1965

년 한국인으로서는 최초로 레벤트리트 국제 콩쿠르에서 우승했던 피아니스트 한동일 교수의 협연으로 베르디 〈운명의 힘〉 서곡, 라흐마니노프 '피아노 협주곡 2번', 차이콥스키 '교향곡 4번'을 연주했습니다. 전례 없이 티켓은 모두 매진됐고, 입석 표도 구하지 못해 발걸음을 돌리는 사람들까지 있었습니다.

"제가 베를린 필하모닉 오케스트라를 맡아 지휘하는 건 쉬운 일입니다. 베를린 필에는 훌륭한 실력을 갖춘 연주자들이 많이 모여 있으니까요. 다들 잘 알아서 하겠죠. 잘하는 사람만 뽑아서 좋은 연주를 하는 건 누구나 할 수 있습니다. 파산한 회사를 맡아 건실한 회사로 만드는 CEO가 좋은 CEO인 것처럼 어려운 오케스트라를 맡아 제 역할을 다하는 오케스트라로 만드는 지휘자가 좋은 지휘자인 것이죠. 수원시향에 있을 때도 그랬고, 유로아시안 필하모닉 오케스트라를 만들 때도 그랬습니다. 경기 필하모닉 오케스트라도 마찬가지입니다."

그즈음 저는 기회 있을 때마다 사람들에게 이런 이야기를 들려줬습니다. 실제로 경기 필 단원들은 시간이 갈수록 더 진지해지고 성숙해지는 것 같았습니다. 공연장에서의 연주는 물론이고 평상시의 표정이나 태도에서도 자신감이 붙은 것처럼 보였죠. 저는 이런 연주자들과 함께 무대에 설 수 있다는 것이 즐거웠습니다. 모든 공연마다 표가 매진돼 언제나 청중들로 객석이 꽉꽉 들어차는 연주회장. 어딜 가나 싱그러운 공기처럼 아름다운 음악이 흘러넘치는 세상. 제가 꿈꾸던 판타지는 이런 것들이었습니다. 단원들도 저와 같은 판타지를 갖게 되길 바랐습니다.

아마 저만큼 전국 방방곡곡을 돌아다니며 클래식 음악을 연주해 온 지휘자도 드물 겁니다. 저는 소외된 지역에 살고 있는 주민들을 찾아가 음악을 선물하는 것이야말로 음악가로서 마땅히 해야 할 소명이라고 생각했습니다. 그런데 언젠가 문득 이런 생각을 한 적이 있었습니다.

'만약 내가 울릉도에 사는 소년이었다면 태어나 자라는 동안 고향 땅에서 한 번도 오케스트라가 연주하는 음악을 듣지 못했다는 사실이 조금은 속상하지 않을까?'

저는 기회가 된다면 울릉도에 가서 꼭 한 번 연주회를 하고 싶었습니다. 2007년 어느 날이었습니다. 대전 옆에 있는 도시에서 열린 강연회에 갔다가 우연히 공군 참모총장을 만나게 됐습니다.

"금 선생님은 1년에 130회가 넘게 공연을 하신다니 지금까지 안 가본 데가 없겠군요?"

"아뇨, 그렇지 않습니다. 딱 한 군데 못 가본 곳이 있습니다."

"네? 못 가본 곳이 있다고요? 대체 거기가 어딥니까?"

"울릉도입니다. 80명이 넘는 단원들이 짐도 많은데 배를 타고 가야 하니 쉽지 않더군요."

사실이었습니다. 울릉도는 큰 섬이지만 비행장이 없기에 몇 시간씩 배를 타고 가야만 했지요. 악기에 짐을 잔뜩 싣고 멀미까지 하는 단원들을 이끌고 가기에는 현실적인 제약이 너무 많았답니다. 제 말을 듣고 잠깐 생각에 잠겨 있던 공군 참모총장이 제안을 했습니다.

"우리가 헬리콥터를 지원해드리면 울릉도에 가서서 음악회를 할 수 있겠습니까?"

뜻밖의 파격적인 제안이었습니다. 공군이 보유하고 있는 30인승 헬리콥터 세 대를 지원해주겠다는 것이었습니다. 저는 흔쾌히 제안을 받아들였습니다. 오랜 체증이 내려가듯 기분이 상쾌했습니다.

그런데 막상 출발하는 시간이 되자 날씨가 좋지 않아 헬리콥터를 띄울 수가 없었습니다. 이미 울릉도 주민들에게 행사가 안내됐기에 취소할 수도 없었지요. 하는 수 없이 우리는 포항으로 가서 배를 타고 울릉도로 향했답니다. 악천후로 평소 두 시간이면 충분한 거리를 네 시간 반이나 걸려 도착했어요. 새벽 4시에 서울에서 출발한 단원들은 오후 4시, 꼬박 반나절 만에 배가 울릉도에 닿자 뱃멀미에 피로가 누적돼 이미 기진맥진한 상태였습니다. 날씨는 잔뜩 흐리고 축축했죠. 게다가 연주회장으로 마련된 공간은 아직 완공이 되지 않아 어수선한 분위기였습니다. 콘서트홀 옆 전시 공간은 한창 공사가 진행 중이었고요. 정말 난감한 상황이었습니다.

서둘러 숙소에 짐을 푼 우리는 쉴 틈도 없이 곧바로 공연장으로 이동해 리허설에 들어갔습니다. 몸은 천근만근이었지만 그 어떤 연주회 때보다 경기 필하모닉 오케스트라 단원들의 각오와 자세가 남달랐습니다. 아마 이런 연주회는 평생 또다시 경험하기 힘든 연주회일 게 분명했습니다. 화음을 조율하는 내내 팽팽한 긴장감이 흘렀습니다. 저는 리허설 중간에 객석을 뛰어다니며 스태프와 함께 음향 상태와 무대 장치 등을 점검했습니다. 서울 유명 공연장에 비하면 열악하기 짝이 없는 시설이었지만 그나마 울릉도에 이런 공연 시설이 마련됐다는 게 감격스러웠습니다.

주민들은 난생처음 고향에서 열리는 클래식 음악회에 참석하기 위해 계단과 통로까지 꽉 들어차 있었습니다. 500명 규모의 연주회장에 무려 800명이 넘게 몰린 것이에요. 드디어 2007년 9월 8일 오후 7시 울릉도문화예술회관 콘서트홀에서 '섬, 바다, 그리고 사랑의 음악회'가 시작됐습니다. 로시니의 〈빌헬름 텔〉 서곡, 비발디의 〈사계〉 중 '여름', 차이콥스키의 '교향곡 5번'이 차례로 연주됐습니다. 코흘리개 어린아이부터 몸에 비린내가 그득한 중년의 아저씨와 아주머니, 그리고 주름진 얼굴의 노인까지 다양한 연령층의 주민들은 우리들의 연주와 해설에 귀를 기울이며 열렬한 호응을 보내주었습니다. 제 생애 가장 감격스러웠던 음악회였습니다. 경기 필하모닉 오케스트라 단원들과 호흡을 맞춘 지 1년 만에 짜릿한 전율을 맛본 순간이었습니다.

'폭풍에 떨던 울릉도 감동에 떨었다'

이날 연주회를 취재한 어떤 기자는 신문 헤드라인을 이렇게 뽑았습니다. 저는 아직도 그날 연주를 감상하던 주민들의 뜨거운 표정을 잊을 수가 없답니다. 훗날 연주회장에 앉아 있던 소년이 자라 어른이 됐을 무렵 당시를 이렇게 회상할 수 있다면 저는 더 바랄 게 없을 겁니다.

"어린 시절 내 고향 울릉도에서 차이콥스키 교향곡 연주를 처음으로 들었지……."

판타지는
판타지일 뿐일까?

●   "실내악은 음악사의 과정과 작곡
의 역사를 응축하고 있습니다. 청중과 콘서트라는 개념을 사적인
영역에서 공적인 영역으로 발전시킨 것도 바로 실내악이랍니다."

새로운 살롱 음악의 장을 연 것으로 평가받는 '제주 뮤직 아일 페
스티벌'을 앞두고 제가 여러 기자들과의 만남에서 강조했던 이야기
입니다. 저는 클래식 음악의 발전은 몇몇 스타 연주자와 지휘자의
출현이나 으리으리한 공연장의 건축으로부터 시작되는 것이 아니라
평범한 사람들의 삶 속에 자연스럽게 음악이 자리할 수 있는 풍토에
서 찾아오게 된다고 믿어왔습니다. 그런 차원에서 저는 소규모 실내
악 공연의 정착과 확산이 반드시 필요하다고 생각했습니다.

기회는 우연히 다가왔습니다. 제주 신라호텔에서는 해마다 투숙객
이 가장 많은 8월 성수기에 여러 음악가들을 초청해 음악 축제를 열

었습니다. 유로아시안 필하모닉 오케스트라는 2004년 여름 축제에 초대돼 이틀 동안 두 번의 연주를 했습니다. 호텔에 도착해 이곳저곳을 둘러보니 주변 풍경이 무척 마음에 들었지요. 게다가 신라호텔은 최고의 시설을 자랑하는 곳이었고, 공연장까지 이어지는 복도는 유럽의 어느 성에 온 것 같은 기품이 느껴질 정도로 우아했습니다.

"호텔이 정말 멋지군요. 유럽 귀족들은 집에서 실내악 연주를 감상하곤 했죠. 그것이 발전해 오케스트라가 탄생한 거고요. 복도에서 4중주 연주를 해보고 싶은데, 괜찮을까요?"

느닷없는 제안에 호텔 관계자는 당황하면서도 그렇게 해도 좋다며 허락해줬습니다. 다음 날 오전 11시에 맞춰 저는 사람들이 오가는 공연장 옆 복도에서 현악 4중주 연주를 시작했습니다. 청중은 우리 단원들이었죠. 고요한 호수에 잔잔한 파문이 일듯 아스라한 선율이 복도를 가득 채우고 천장을 지나 호텔 곳곳으로 울려 퍼졌습니다. 사람들이 하나둘 모여들기 시작했습니다. 예고 없는 음악회에 초대된 청중들은 가장 편안한 자세로 앉거나 선 채 음악을 감상했지요. 잠시 후 좁은 복도는 여느 웅장한 콘서트홀 못지않은 멋진 연주회장으로 바뀌어 있었답니다.

음악 축제를 마치고 돌아온 어느 날 신라호텔 총지배인으로부터 연락이 왔습니다. 음악 축제 때의 연주가 너무 좋았다면서 비수기인 1, 2월에 할 수 있는 좋은 행사가 없겠느냐고 묻더군요. 저는 기다렸다는 듯 적은 청중과 함께하는 실내악 연주회를 제안했습니다. '제주 뮤직 아일 페스티벌'은 그렇게 시작됐습니다. 저는 기업과 지역과 음악과 청중이 아늑한 공간에서 한데 어우러지는 페스티벌을 구상했습니다. 딱딱한 의자에 근엄하게 앉아 대규모 오케스트라의 음악을 감상하는 게 아니라 얼굴을 마주 보며 식사도 하고 차나 와인도 마시면서 실내악 연주를 감상하는 축제를 만들고 싶었죠. 세계적인 연주자들을 초청해 제주의 아름다움을 보여주고 싶었습니다. 클래식 음악을 사랑하는 기업들을 파트너로 섭외해 축제 기간 동안 일일 호스트가 돼 축제를 이끌도록 했습니다. 기업들이 초대한 청중은 주로 경제인들이나 외교 사절들이었습니다.

2005년 1월 제주 신라호텔에서는 일주일 동안을 실내악 주간으로 선포하며 음악 축제를 열었습니다. 저는 바로크 음악에서부터 현대 음악에 이르기까지 다채로운 프로그램으로 실내악 연주의 진수를 선보였지요. 슈베르트의 피아노 5중주 〈송어〉, 드보르자크의 현악 4중주 〈아메리카〉, 베토벤의 피아노 3중주 〈유령〉, 멘델스존의 '현악 8중주', 브람스의 '현악 6중주' 등 다양한 레퍼토리가 연주됐습니다. 기업의 초대를 받아 참석한 사람들의 반응은 열광적이었습니다.

제주도에서 골프를 즐기는 게 최고인 줄 알던 기업의 접대 문화가 클래식 음악을 감상하는 고급문화로 바뀐 것입니다. 신라호텔 측의 반향도 대단했어요. 세계적인 호텔이란 시설이나 서비스나 풍

바로 이 책!

삶은 '지금 여기 now here'가 전부다.
그런데 우리는 '그때 그곳 then there'에서 살기를 고집한다.

아들 잃은 구글X 공학자가 찾은 삶과 죽음 너머 진실

아마존 베스트셀러 행복을 풀다 | 모 가댓 지음 | 강주헌 옮김 | 값 16,000원

⊙tvN 프리미엄 특강쇼
어쩌다 어른이 주목한 바로 이 책!

불행하다고 생각하는 사람에게 권한다. - 이어령
지금 여기에서 삶을 보고 놀라워하는 법을 배우라. - 이해인
공학자다운 집념과 과학자의 논리로 찾은 행복. -김미경
저자의 참담한 경험이 행복 제안을 더 값지게 만들었다. -공병호

스탠퍼드대는 왜 '해피니스 트랙'에 주목했는가?

성공에 대한 관점을 완전히 바꿔놓는 책
진정한 성공을 원한다면, 행복 트랙에 서라!

스탠퍼드대학교 최초로 행복 심리학에 대한 강의를 개설하여 '라이온스 상'을 수상한 심리학과 교수이자, '연민과 이타심 연구 및 교육센터' 과학 부문 책임자인 저자가 '왜 성공을 쫓으며 살아도 행복하지 않을까?'에 대한 물음을 추적하는 연구를 통해 행복과 성공의 상관관계와 양립 가능성을 파헤친다. 이를 통해 진짜 성공을 앞당길 수 있는 '행복의 결정적 요인'에 대한 새로운 통찰을 제시한다. 행복과 성공을 동시에 얻는 6가지 비결을 담아 전 세례 리더와 언론의 극찬을 받은 화제작.

스탠퍼드대학교가 주목한 행복프레임

해피니스 트랙

에마 세팔라 지음 | 이수경 옮김 | 값 15,000원

아마존
베스트셀러
자기계발
분야 1위

에마 세팔라
스탠퍼드대학교 심리학과 교수
스탠퍼드대 최초로 행복심리학 강의 개설
〈포춘〉이 선정한 505대 기업 컨설턴트
온라인매거진 〈풀필먼트 데일리〉 창립자

사소한 놀이와 호기심이 낳은 인류의 진보
미래가 궁금하다면 즐거움이 있는 곳 눈여겨보자!

이어령, 정용진, 송길영 추천!
300여 년 전의 선술집에서 시작된 민주주의

목화에서 태동된 산업혁명
피리가 인공지능(AI)으로 변화하기까지…

단순히 재미를 추구했던 행위에서 시작해 세상에 새로운 가능성을 열어준 놀라운
이야기를 통해 인류를 진보하게 하는 원초적인 동인은 무엇인지 파헤친다!

뉴욕타임스
베스트셀러

재미와 놀이가 어떻게 세상을 창조했을까

원더랜드

스티븐 존슨 지음 | 홍지수 옮김 | 값 16,000원

《칭찬은 고래도 춤추게 한다》의 켄 블랜차드 신작

배려는 고객을 춤추게 한다!

배려를 파는 가게

켄 블랜차드 외 지음 | 이제용 옮김 | 236쪽 | 값 14,000원

사람을 사로잡는 관계의 법칙

경영 대학에 다니며 파트타임 직원으로 일하는 켈시영. 그녀의 직장인 할인매장 퍼거슨스는 고객 서비스 만족도가 낮은 곳으로 현재 최악의 상황에 놓여 있다. 켈시는 과연 떠나간 고객의 발길을 돌리고 위기에 빠진 회사를 살려낼 수 있을까? 켈시라는 이십 대 직원의 행복한 성공담을 통해 이상적인 서비스가 무엇인지, 이를 실천하기 위한 방법에는 어떤 것들이 있는지를 아주 흥미롭게 풀어낸다.

창의력은 타고난 재능인가, 노력의 산물인가?
일상에서 창의적 생각을 키우는 놀라운 비결

조금 다르게 생각했을 뿐인데

바스 카스트 지음 | 정인희 옮김 | 값 15,000원

★★★
독일 아마존 베스트셀러
★★★

스티브 잡스가 한 개의 화장실만 고집한 사연은?!

조금 다르게 생각했을 뿐인데… 잠자고 있던 창의성이 폭발해!

베토벤에서 조앤 K. 롤링, 아인슈타인에서 마크 저커버그에 이르기까지 어떻게 하면 그들처럼 창의력을 발휘할 수 있을까?
일상에서 환경, 교육, 습관, 관계만 조금씩 바꿨을 뿐인데… 내 안의 아이디어가, 창의성 지수가 쑥쑥 올라간다!

교세라, KDDI, JAL의 성공 신화를 이끈
이나모리 가즈오 최고의 경영서

모든 직원이 경영자다
'전원 참가형 경영'으로 기업 체질을 강화하라

이나모리 가즈오 경영철학 최고 전문가,
양준호 교수의 새 번역으로 만나는 경영의 정수

이나모리 가즈오를 대표하는 '아메바 경영'의 핵심과 실제 실행방법을 구체적으로 담은 비기. 교세라를 창업하고 대기업으로 성장시키기까지 각 아메바에 적용한 모든 방법론과 구체적 실천법을 그대로 담고 있다. 오랜 시간 사랑받고 꾸준히 추천되는 경영의 명저이다.

이나모리 가즈오

아메바 경영

이나모리 가즈오 지음 | 양준호 옮김 | 값 15,000원

2016년, 2017년 경제경영 재테크 분야 1위

평범한 주부에서
월세 받는 여자가 되기까지

복부인 김유라의 소액투자로 10배 빠르게 부자 되는 법

아이 셋, 홑벌이 남편, 빌라 전세살이…

그런 그녀가 어떻게 아파트 15채를 가진 성공한 투자자, 행복한 부자엄마가 될 수 있었을까? 철저한 자기 관리 속에 끊임없이 공부하며 투자했던 저자의 생생한 재테크 성공기가 공개된다. 많은 정보를 어떻게 선별하고, 적은 돈으로 어디에 투자하며, 시장의 변화를 어떻게 감지하는지 등 부동산 투자 초보자라면 반드시 알아야 할 이야기들로 가득하다.

전국 서점
베스트셀러

나는 마트 대신
부동산에 간다

김유라 지음 | 296쪽 | 값 15,000원

나이듦과 병듦, 늙어가는 부모와 함께한다는 것!

"엄마가 얼마나 오래도록 당신의 증상을 감춰야 했는지, 그 기간 동안 얼마나 두려웠을지 생각하면 정말 울고만 싶다."

엄마는 나를 잊어가고 있다...

먼동이 트기 전 엄마는 잠옷 바람으로 동네 거리를 헤맸고 그 시각, 아버지는 의식이 오락가락하는 상태로 계단 맨 아래에 홀로 누워 있었다. 엄마에게 침입한 이 조용하고도 잔인한 병을 잘 알고 받아들였더라면 다른 결말이 가능했을까?

알츠하이머병 엄마와 함께한 딸의 기록

엄마의 기억은 어디로 갔을까

낸시 에이버리 데포 지음 | 이현주 옮김 | 값 14,000원

잘 알지도 못하면서… 사람들은 왜 날 오해할까?

관계 속 오해가 불편한 사람들을 위한 심리처방

애덤 그랜트, 다니엘 핑크 강력 추천!

나를 몰라준다고 상처받지 마라!

남들에게 과소평가되거나 오해받는다고 느낀 적이 있는가? 이 책은 남들이 왜 당신을 제대로 이해해주지 않는지, 왜 당신의 얘기가 왜곡된 채 전달되는지 그 원인을 알려준다. 남들이 당신을 바라보고 해석하는 방식은 공정하지도 합리적이지도 않다. 선입관으로 편향돼 있고 불완전하다. 이 책은 인간이 타인을 인식할 때 범하는 여러 오류들을 밝힌 후, 남들이 당신에 대해 오해하지 않도록 하기 위해 당신이 할 수 있는 다양한 대처법을 알려준다.

오해를 바로잡고 관계를 변화시키는 심리술

아무도 나를 이해해주지 않아

하이디 그랜트 할버슨 지음 | 이수경 옮김 | 값 15,000원

병원 없는 사회를 꿈꾸는 국민 의사 이시형 박사가
50여 년간 수많은 환자들을 만나며 깨달은
면역 건강법!

어떻게 면역력을 높여서 수많은 질병으로부터
스스로를 지킬 수 있을까?

우리 몸의 면역 관련 기구를 비롯해 면역 기능을 주관하는 장의 역할에 대해 알아보고, 면역에 있어서 뇌의 역할은 무엇인지, 일상생활 속에서 면역을 올릴 수 있는 방법 역시 배워볼 수 있다. 더불어 암 치료에 있어서 면역의 중요성에 대해 살펴보고 표준 치료가 완료된 후 면역력을 높여서 재발을 방지하는 법 역시 면역에서 답을 찾을 수 있다.

전국 서점
베스트셀러

이시형 박사
면역이 암을 이긴다
이시형 지음 | 값 15,000원

아마존재팬 종합 베스트셀러 1위
누구나 고통 없이
4주면 충분하다!

유연하고 슬림한 몸을 위한 스트레칭 공식

굳은 몸은 건강에도 미용에도 가장 나쁜 적! 근육을 풀어주고, 유연성을 증대시켜 다리를 일자로 시원하게 뻗도록 도와주는 스트레칭 비법을 소개한다. 가장 쉽고 안전하며 효과적인 6가지 동작으로 구성된 '다리 일자 벌리기 4주 프로그램'을 따라 하면 꿈꿨던 다리 일자 벌리기 자세를 완성하면서, 다이어트와 자세 교정, 안티에이징 효과까지 얻을 수 있다. 일본에서 다리 일자 벌리기 열풍을 일으키면서, 최단기간 100만 부를 발행한 화제작.

아무리 뻣뻣한 몸이라도 4주 만에
다리 일자 벌리기
에이코 지음 | 최서희 옮김 | 값 13,500원

35만 카스 친구들, 160만의 청취자,
10만 독자들이 폭풍 공감한
인생의 아름다운 답!

"이 세상에서 가장 쓸 만 한 건 바로 '나'야."

오늘, 지금부터 내 인생 아껴주기

"살면서 마주치는 소소한 질문들… 우리 함께 이야기해 볼래요?"
이 책은 하소연이나 투정, 기쁨과 슬픔, 부모님과 자녀에 대한 고민, 그밖에 살면서 누구나 마주하게 되는 크고 작은 질문들에 대해 편하고 따뜻하게 이야기하는 소통의 공간이다. 옆집 언니 김미경이 꺼내놓는 친근한 에피소드에 공감하다보면 어느새 독자는 자신을 사랑하는 법을 느낄 수 있을 것이다. 그리고 인생의 아름다운 답에 촉촉이 젖어들게 될 것이다.

전국 서점
베스트셀러

살다 보면 누구나 마주하는
작고 소소한 질문들
김미경의 인생美답
김미경 지음 | 값 15,000원

세계 최고 이익을 내는
도요타 원가 경영의 비밀

"이익은 설계 단계에서 모두 결정된다!"

도요타의 원가

호리키리 도시오 지음 | 현대차그룹 글로벌경영연구소 옮김
구자옥 감수 | 값 14,000원

세계 No.1 이익을 창출하는 비밀!

도요타의 원가

COST THE TOYOTA WAY

호리키리 도시오 지음 · 현대차 글로벌경영연구소 옮김 · 구자옥 감수

원가 절감으로 최고의 이익을 내는 도요타의 혁신

최초, 설계 단계에서부터 원가를 낮추는 도요타만의 원가 절감법

한국경제신문

"이 책은 원가 경쟁력의 중요성을 일깨운다.
세계 최고 토요타 이익의 원천은 원가 절감
에 있다!"
– 박홍재 소장(현대차그룹 글로벌경영연구소)

도요타만의 원가 경영 4단계 비법

1단계 원가 기획 방법
2단계 원가 절감 프로세스
3단계 낭비 제거
4단계 오베야 방식

경만 좋아서 되는 게 아니라 그에 걸맞은 독특한 문화가 뒤따라야 한다는 걸 알게 된 것이지요. '제주 뮤직 아일 페스티벌'은 신라호텔에 개성 만점인 문화의 옷을 입혀줬습니다.

2005년에 시작된 '제주 뮤직 아일 페스티벌'은 매년 겨울마다 12회째 이어져 오고 있습니다. 이렇다 할 홍보를 하지 않았음에도 입소문이 나면서 여러 지방으로부터 실내악 축제를 열어달라는 요청이 끊이지 않고 있습니다.

축제의 창의성과 독특성을 인정받아 2008년 5월에는 유럽페스티벌협회EFA 회원으로 가입되기도 했습니다. 저는 '제주 뮤직 아일 페스티벌'이 1949년 미국 콜로라도주 로키산맥의 아름다운 자연을 배경으로 시작된 '아스펜 뮤직 페스티벌'이나 버몬트주 윈덤카운티에서 열리는 쟁쟁한 연주자들의 축제인 '말버러 뮤직 페스티벌'처럼 지역 특색에 맞게 다양한 수요층의 요구를 담아내는 소중한 축제로 자리 잡게 되길 꿈꾸고 있습니다.

'제주 뮤직 아일 페스티벌'로 인해 확산되기 시작한 실내악 연주는 '맨해튼 챔버 뮤직 페스티벌'로 자연스럽게 연결됐습니다. '제주 뮤직 아일 페스티벌'에 삼익악기 김종섭 회장이 참석한 적이 있었죠. 마침 삼익악기는 1853년에 창립된 전설적인 수제 피아노 제조업체로 경영난을 겪고 있던 스타인웨이 앤드 선스의 경영권을 인수하고자 노력 중이었습니다. 그 회사의 본사는 미국 뉴욕에 있었습니다.

저는 김 회장과 대화를 나누던 중 불쑥 이런 이야기를 꺼냈습니다.

"뉴욕 하면 으레 문화와 예술을 배우러 가는 곳으로 생각하기 쉬운데, 이제는 한국의 젊은 음악가들이 뉴욕에서 예술과 경영을 접목시킨 새로운 연주 같은 걸 선보일 때가 아닐까요?"

한류는 대중가요나 드라마에서만 가능한 게 아닙니다. 클래식 음악에서도 얼마든지 가능합니다. 저는 세계 문화 예술의 중심지인 뉴욕 한복판에서 그걸 증명해 보이고 싶었습니다. 김 회장은 이런 엉뚱한 생각에 선뜻 공감해줬습니다. 카네기 홀 건너편에 스타인웨이 홀이 있는데, 거기서 연주를 해보자는 것이었죠. 그렇게 해서 2012년 뉴욕 맨해튼 57번가에 있는 스타인웨이 홀에서 '맨해튼 챔버 뮤직 페스티벌' 이 처음 열리게 됐습니다. 저는 이 축제에 기업과 지자체와 다양한 문화 예술계 인사들을 참여시켰습니다. 반기문 전 유엔 사무총장과 인천광역시, 풍산, 고려제강 등이 발기인으로 참여했습니다. 저도 발기인의 한 사람으로 기금을 내고 참여했습니다. 이들이 모금한 5만 달러를 저개발 국가를 위해 사용해달라며 유엔에 기부하기도 했습니다. 이듬해 페스티벌은 뮤지컬의 본고장으로 일컬어지는 브로드웨이에 문을 연 커피 전문점 카페베네에서 진행됐습니다. 반기문 총장은 20여 명의 대사들과 함께 참석했지요. 해를 더해갈수록 '맨해튼 챔버 뮤직 페스티벌' 은 세계 각국 대사들이 즐겨 찾는 실내악 축제로 자리 잡으며 한국의 클래식 음악과 뉴욕의 풍경과 문화가 어우러진 외교 무대로 성장하고 있습니다.

서울 강남구 역삼동에 자리한 '더 라움The Raum'에서 행해지는 실내악 연주회도 마찬가지입니다. 이곳은 말 그대로 서양의 옛 성에 온 듯 고풍스럽고 우아한 아름다움이 넘치는 복합 문화 공간입니다. 우연한 기회에 인사를 나누게 된 박성찬 회장은 제가 라움이 너무 멋진 곳이라고 찬사를 아끼지 않자 그렇게 마음에 든다면 언제든 마음껏 사용해도 된다고 말했습니다. 뜻밖의 제안이었죠. 이렇게 해서 저는 라움아트센터 예술감독이라는 직함 하나를 더 갖게 됐습니다.

저는 이 공간을 클래식 선율이 흐르는 편안한 음악의 공간으로 만들기 위해 '해피 브런치 콘서트', '베토벤 심포니 여행'을 비롯해 각국의 음악을 두루 소개하는 '라움, 문화를 여행하다' 등의 프로그램을 선보였습니다. 클래식 음악을 일상의 삶 속으로 초대한 것입니다.

이렇듯 저는 제가 꿈꾸는 판타지를 실현시키기 위해 날마다 한 걸음씩 나아가고 있는 중이랍니다. 2016년 세상을 떠난 미국의 미래학자 앨빈 토플러는 한국의 학생들은 하루 15시간 동안 학교와 학원에서 미래에 필요하지도 않을 지식과 존재하지도 않을 직업을 위해 시간을 낭비하고 있다고 말했습니다. 그의 눈에 비친 한국의 젊은이들에게는 실현하고 싶은 판타지가 없었던 것입니다. 한국에 대한 애정이 남달랐던 토플러는 젊은이들에게 다음과 같은 말을 남겼습니다.

"젊은 날의 매력은 결국 꿈을 위해 무엇인가를 저지르는 것이다."

아낌없이 나누십시오

500만 원으로 만든 오페라

서울예고 교장이 된 뒤 학부모들과 갖게 된 간담회 자리에서 저는 이런 이야기를 했습니다.

"하루는 이사장님께서 만나자고 해서 나갔더니 느닷없이 교장을 맡아달라고 하셨습니다. 제가 너무 바빠 곤란하다고 하니까 1년에 3일만 나와도 된다고 하시지 않겠어요? 그렇게까지 말씀하시니 도저히 거절할 수가 없었답니다. 그래서 이렇게 교장이 되고 말았습니다."

제 농담에 학부모들은 유쾌한 웃음을 터뜨렸습니다. 분위기가 한결 화기애애해졌지요.

"오늘 학부모님들 앞에서 밝히고 싶은 게 있습니다. 제가 월급 때문에 교장 자리를 수락한 것이 아니기 때문에 앞으로 제 월급을 학교를 위한 일에 쓰도록 하겠습니다. 지휘자로서 무대에 설 때는 당연히 돈을 받지만 교장으로 강단에 설 때는 돈을 받지 않는다는 게 저의 철학입니다. 제가 독일에서 공부할 때 6년 동안이나 저를 지도한 교수님께 레슨비를 드린 적이 없었답니다. 그런데도 교수님은 저를 열정적으로 가르쳐주셨지요. 그 덕에 제 꿈을 이룰 수 있게 됐습니다. 진정한 교육이란 이런 거라고 생각합니다. 제 월급을 모교의 발전과 학생들을 위한 장학금으로 사용한다면 그때 진 빚을 조금이나마 갚는 셈이 아닐까요?"

순간 침묵에 잠겨 있던 실내에 박수 소리가 울려 퍼졌습니다. 예상치 못한 제 말에 학부모들은 적잖이 놀란 듯했습니다. 저는 돈과 명예를 위해 무대에 선 일이 없었습니다. 사랑하는 음악을 세상 구석구석에 들려주기 위해 언제 어떤 자리든 마다하지 않고 지휘봉을 들었습니다. 국민들은 그런 제게 아낌없는 사랑을 보내줬습니다. 이제 제 남은 생에 할 일은 그 사랑에 보답하는 길입니다. 서울예고 교장직을 수락한 것은 제대로 된 예술 교육에 혼신의 힘을 다해보겠다는 제 열정의 산물이었습니다. 돌아오는 길에 불현듯 독일 유학 시절의 일이 떠올랐습니다.

카라얀 콩쿠르 기념 연주회 때의 일입니다. 입상자들이 직접 베를린 필하모닉 오케스트라를 지휘하는 꿈의 무대였지요. 클래식 음악의 본고장에서 카라얀을 비롯한 세계 최고의 음악가들이 모인 가운데 베를린 필을 지휘한다는 건 너무도 감격적이고 가슴 뛰는 일이었습니다. 입상자 세 사람의 연주가 차례로 진행된 다음 카라얀의 시상이 이어질 예정이었습니다. 첫 연주는 제 차례였습니다. 저는 독일 작곡가 칼 마리아 폰 베버의 〈마탄의 사수〉 서곡을 지휘할 계획이었습니다.

그런데 피치 못할 사정이 생겼습니다. 그즈음 저는 일주일에 한 번씩 독일 할아버지 합창단을 맡아 지휘하고 있었습니다. 제가 카라얀 콩쿠르 입상 기념 연주를 하는 날 하필이면 할아버지 합창단의 발표회가 잡혀 있었던 것입니다. 제 무대가 오랜 꿈을 이루는 감동의 무대였던 것과 마찬가지로 할아버지 합창단의 무대도 오랜 연습의 결과를 선보이는 땀의 무대였습니다. 할아버지들은 발표회는 자신들이 알아서 할 테니 저는 기념 연주회에만 전념하라고 신신당부했습니다.

하지만 제 마음은 편하지 않았답니다. 제 무대가 할아버지들의 무대보다 더 중요하고 의미 있기 때문에 그곳에 가지 않고 여기 머물러야 한다는 사실을 받아들일 수가 없었습니다. 제가 준비한 곡의 지휘를 무사히 마쳤습니다. 뜨거운 갈채 속에 무대를 내려오면서 시계를 쳐다봤지요. 두 사람의 연주가 더 남았으니 시상이 있기까지 한 시간 반가량 여유가 있었습니다. 저는 곧바로 연주회장을 빠져나와 미리 대기하고 있던 친구의 차를 타고 할아버지 합창단 발표회장으로 내달렸습니다. 헐레벌떡 들어서는 저를 보며 할아버지들은 다들 깜짝 놀라는 표정이었습니다.

"미스터 금, 여긴 어쩐 일이에요? 지금 연주회장에 있어야 하지 않나요?"

"제 순서가 끝나서 왔습니다. 시간 여유가 좀 있어요. 아직 우리 순서 안 된 거죠?"

할아버지 단원들은 얼굴에 미소를 띠며 저를 얼싸안고 박수를 치면서 기뻐했습니다.

"조금 전까지 라디오를 통해 미스터 금이 지휘하는 베를린 필의 연주를 듣고 있었어요. 카라얀 콩쿠르에서 입상한 지휘자께서 합창단을 지휘해주니 마음이 놓이고 든든합니다."

우리 합창단의 노래가 시작됐습니다. 까만 넥타이를 곱게 맨 백발노인들이 동양 청년의 지휘에 맞춰 아름다운 화음을 선사했습니다. 음악은 국경과 연령을 초월해 모든 사람을 행복의 나라로 이끄는 마법 같은 존재였어요. 노래가 끝난 뒤 저는 서둘러 연주회장으로 돌아왔습니다. 그 일로 저는 라벤슈타인 교수에게 단단히 핀잔을 들어야 했습니다. 입상 소식을 듣고 달려온 한국 총영사 등 주요 인사들이 저를 만나기 위해 찾았지만 제가 보이지 않자 라벤슈타인 교수 입장이 곤란했던 것입니다. 그러나 시간을 잘 맞춰 온 덕에 시상식은 무사히 치를 수가 있었습니다.

40여 년이 지난 지금 똑같은 상황이 벌어진다 해도 저는 할아버지 합창단을 지휘하러 달려갈 겁니다. 그때 제 선택에 후회가 없다는 말입니다. 베를린 필을 지휘하고 카라얀에게 메달을 받는 일도 중요하지만 할아버지 합창단의 발표회를 망치지 않는 일도 중요했습니다. 그날 제 지휘에 맞춰 어린아이처럼 행복한 표정으로 노래하던 할아버지들의 모습 속에서 저는 음악의 힘과 가치, 그리고 음악이 지향해야 할 방향을 알게 됐습니다. 진정한 음악은 나 혼자 스포트라이트를 받는 데 있지 않고 모두가 함께 나누는 공감 속에 있다는 사실을 말입니다.

수원시향에 있을 때의 일입니다. 경기도 문화 예술 지원 프로그램의 수혜 대상으로 선정돼 500만 원의 지원금을 받게 됐습니다. 그런데 이 돈을 어떻게 써야 할지 고민스러웠지요. 단원들에게 골고루 나눠줘 봐야 티도 나지 않을 금액이었으니까요. 저는 단원들에게 이런 제안을 했습니다.

"우리 좀 더 의미 있는 일을 해보면 어떨까요? 곧 수원문화예술회관에서 연주회를 하게 될 텐데, 이 돈으로 오페라를 완성해서 수원 시민들에게 들려주고 싶군요. 어떠신가요?"

단원들은 놀라면서도 반신반의하는 표정이었습니다. 제가 워낙 엉뚱한 제안을 많이 하는 사람인 줄은 알고 있었지만 단돈 500만 원으로 오페라를 만들겠다는 발상까지 할 줄은 몰랐다는 반응이었죠. 그도 그럴 것이 오페라 한 편을 제작하려면 화려한 무대 장치와 각종 음향 효과에 대규모 출연진까지 포함하면 적게 잡아도 1억 원 이상의 돈이 필요했기 때문입니다.

우리는 제작비를 줄이기 위해 등장인물이 적은 베르디의 대표작 〈라 트라비아타〉를 선택했습니다. 화려한 사교계 여성 비올레타와 평범한 청년 알프레도의 비극적 사랑 이야기입니다. 3막 4장을 다 공연할 수가 없어 주요 장면만을 보여주는 갈라 콘서트로 진행하기로 했지요. 장면과 장면 사이에는 제가 해설을 곁들여 청중들이 전체적인 흐름을 따라갈 수 있게 했습니다. 저는 최고의 성악가들을 섭외해 출연진을 구성했습니다. 대신 우리는 성악가들을 최대한 배려하면서 오케스트라의 아름다운 화음을 청중들에게 선물하기 위해 연습에 연습을 거듭했습니다.

무대 장치는 수원시향 단무장의 도움을 받았습니다. 지인 중에 가구점 사장이 있다고 해서 그의 지원을 받아 각종 소품과 가구를 빌려다 놓은 겁니다. 전부 최고급 제품이었습니다. 500만 원을 들여 만든 오페라 〈라 트라비아타〉 공연은 대성공이었습니다. 수원문화예술회관을 가득 메운 청중들은 공연이 끝나자 전원 기립해서 열렬한 환호를 보내줬습니다. 공연장은 환희의 물결로 출렁였습니다. 그곳은 제가 처음 수원시향 연주를 듣기 위해 찾았을 때 채 100명도 되지 않는 청중들이 앉아 있던 곳이었답니다. 더욱 놀라운 일은 수원시장이 초대한 도지사와 국회의원 등 지역 인사들이 모여 수원시향을 위해 음악당과 오케스트라 연습실을 지어주겠다고 나선 것입니다. 폐지하자는 움직임까지 있었던 수원시향이 어느덧 수원의 자랑이 돼 있었던 겁니다.

작은 것을 나누면 더 큰 것이 돌아온다는 소중한 진리를 깨달은 밤이었습니다. 만약 500만 원을 단원들이 나눠 가졌더라면 그 돈은 아무도 기억하지 않는 허튼 돈이 됐을 겁니다. 하지만 우리가 시민들을 위해 기꺼이 그 돈을 내놓았을 때 500만 원은 수천수만 배의 가치가 돼 되돌아왔습니다. 소유의 기쁨보다 나눔의 행복이 훨씬 더 큰 이유가 바로 여기에 있습니다.

필요한 곳으로
찾아가라

지방자치제도가 시행되면서 규모가 큰 시와 도는 물론 작은 군과 면 단위에까지 각종 공연 시설이 들어서고 수많은 문화 예술 단체들이 생겨났습니다. 각 지역 특색에 맞게 다양한 프로그램들이 만들어져 도시와 농어촌이 차별 없이 고른 문화 예술의 혜택을 받을 수 있게 된다면 바람직한 일이겠으나 안타깝게도 정확한 타당성 조사나 장기적인 계획과 비전 없이 전시 행정으로 무리하게 시설과 단체부터 만들다 보니 예산 낭비와 운영 부실이 정말 심각한 상황입니다.

이는 중앙정부와 지방정부 공히 세금을 두려워하지 않고 함부로 사용한 결과라 할 수 있습니다. 대통령이든 장관이든 시장이든 돈을 쓸 때는 늘 납세자에게 감사하면서 충분히 보답하려는 자세를 가져야 합니다. 제도권 안에 있는 단체라는 이유로 무조건 예산을 주는 것은 후진적 발상이지요. 나랏돈을 받고도 열심히 하지 않는 단체 또한 옳지 않습니다. 저는 예전부터 큰 단체에 예산을 몰아주는 방식을 비판해왔습니다. 예를 들면 서울시향이나 KBS 교향악단의 경우 각각 연간 100억 원이 넘는 예산을 지원받습니다. 모두 국민들이 낸 세금이죠. 만약 제가 어떤 결정을 내릴 위치에 있다면 그 돈을 20억 원씩 쪼개 여러 단체를 지원하면서 서로 경쟁할 수 있게끔 만들고 싶습니다. 나머지 예산은 스스로 창의력을 발휘해 조달하게 하는 것입니다.

올림픽에서 금메달을 많이 딴다고 해서 그 나라의 체육이 발전하는 게 아닙니다. 언제 어디서든 다양한 스포츠를 즐길 수 있는 문화가 형성돼야 체육이 발전할 수 있습니다. 음악도 매한가지예요. 큰 오케스트라 몇 개만 있는 것보다는 사람들의 다양한 수요에 맞는 작지만 개성 있고 실력이 탄탄한 오케스트라 여러 개가 있는 편이 음악 발전에 훨씬 더 유익합니다. 유로아시안 필하모닉 오케스트라는 정기 연주회가 없습니다. 지금까지 단 한 번도 정기 연주회라는 걸 해보지 않았습니다. 언제든 우리를 원하는 곳에 직접 찾아가서 연주를 해왔기 때문이지요. 정부로부터 한 푼도 지원을 받지 않지만 연간 100회가 넘는 공연을 하면서 매년 흑자를 기록해왔습니다. 피나는 연습과 끊임없는 노력, 그리고 발상의 대전환 없이는 불가능한 일이었습니다.

우리는 기업의 후원을 받습니다. 먼저 제안을 할 때도 있고 거꾸로 제안을 받을 때도 있지요. 어떤 경우든 우리는 기업의 돈이 절대 공짜가 아니라는 자세를 갖고 있습니다. 받은 것 이상을 꼭 돌려주려고 노력합니다. 훌륭한 연주는 기본이고 후원 기업의 이미지 향상을 위해 세심하게 신경을 쓴답니다.

예전에 CJ그룹의 후원으로 육사, 공사, 해사를 찾아가는 연주회를 진행한 적이 있었습니다. 해군 사관학교 교장으로부터 강의 요청을 받았지만 강의보다는 연주가 낫겠다 싶어 오케스트라와 함께 갔습니다. 우리의 깜짝 연주회를 통해 클래식 음악을 접한 해사 생도들은 군인답게 열정적인 환호를 보내줬습니다. 저는 그들에게 이 연주회는 CJ그룹의 도움을 받아 이루어진 것임을 분명하게 밝혔습니다. 아마 교장이나 생도 모두 CJ그룹에 대한 이미지가 좋아졌을 겁니다. 이것이 바로 우리도 좋고, 기업도 좋고, 청중들도 좋은 상생의 비즈니스 모델입니다.

2006년 4월 11일에는 CJ그룹의 후원으로 사법연수원을 찾아 대강당을 가득 메운 법조인들 앞에서 음악회를 열었습니다. 계절에 맞게 엘가의 〈서주와 알레그로〉를 비롯해 하이든 교향곡 45번 〈고별〉 등을 연주해 사법연수원을 감미로운 클래식 선율이 흐르는 봄의 세계로 이끌었습니다. 딱딱한 분위기가 아닐까 염려했던 것과 전혀 다르게 사법연수원생들의 반응은 폭발적이었습니다. 준비한 앙코르 곡 연주를 모두 마치고 대강당을 빠져나와 주차장에 다다랐는데도 기립 박수가 그치지를 않았습니다. 급하게 연락을 받은 저는 단원들을 부랴부랴 소집해 대강당으로 다시 들어갔습니다. 코끝이 찡했습니다. 어디 가서 이런 뜨거운 사랑을 받을 수 있단 말입니까? 단원들은 가방 속에 넣었던 악기를 꺼내 무대에 올라 모차르트의 '희유곡 3번'을 연주했습니다.

"주차장까지 나갔다가 다시 들어왔습니다. 이렇게 뜨거운 호응을 받으며 두 번에 걸쳐 앙코르 연주를 하기는 처음이네요. 사법연수원 음악회가 지속적으로 개최되기를 바랍니다."

제 바람대로 CJ그룹은 사법연수원 음악회를 꾸준히 후원해줬고, 연주회를 할 때마다 연수원생들은 우리를 뜨겁게 환영해줬습니다. 몇 년 뒤 CJ그룹의 후원이 끝나 음악회를 이어갈 수 없게 되자 사법연수원 측에서 자체적으로 스폰서를 구해 우리에게 연주회를 요청하기도 했습니다. 세금을 한 푼도 쓰지 않는 유로아시안 필하모닉 오케스트라가 엄청난 세금으로 운영되는 오케스트라보다 클래식 음악 바이러스를 전파하는 데 더 많이 앞장서고 있는 셈입니다.

경기 필하모닉 오케스트라와의 5년 계약이 끝나갈 즈음 인천광역시로부터 연락이 왔습니다. 마침 인천시립교향악단 상임 지휘자의 임기가 다 돼 조직에 활력을 불어넣을 새 인물을 찾고 있던 중 제 임기가 만료됐다는 소식을 듣고 연락한 거였습니다. 인천시향은

1966년에 창립돼 대한민국의 관문이자 국제도시로 발돋움하고 있는 인천의 문화적 자존심을 지켜온 오케스트라였습니다. 저는 좋은 기회라 생각하고 2010년 9월 인천시립예술단 예술감독으로 자리를 옮겼습니다. 오케스트라를 지휘하며 합창단, 무용단, 극단의 운영을 총괄하는 직책이었지요.

"여러분은 지금까지 음악 공부를 많이 해왔을 겁니다. 이제부터는 저와 함께 박사 과정을 새로 시작한다는 마음을 가져주었으면 합니다. 제가 바라는 것은 인천시향이 시민들에게 사랑받는 오케스트라, 시민들이 자랑스러워하는 오케스트라가 되는 것, 이 한 가지뿐입니다."

단원들에게 제 바람을 이야기한 뒤 곧바로 연습에 들어갔습니다. 10월 15일 정기 연주회가 잡혀 있었기 때문입니다. 그런 다음 사무국에 연락해서 미리 솔드 아웃 스티커를 제작하도록 했습니다. 전례 없는 일이었기에 직원들은 어리둥절해했어요. 아니나 다를까 며칠 지나자 정기 연주회 티켓이 매진되고 말았습니다. 인천시향 창립 이후 한 번도 없던 일이었지요. 저는 시내 곳곳에 전시돼 있는 공연 포스터를 찾아다니며 전부 솔드 아웃 스티커를 붙이도록 했습니다. 검은색 바탕에 노란색 글씨로 선명하게 쓰인 'SOLD OUT' 스티커가 시내 전역에 나붙었습니다.

'조금만 늦었어도 연주회에 못 갈 뻔했군. 다음부터는 좀 더 예

매를 서둘러야겠는걸.'

포스터에 붙은 스티커를 본 시민들은 이렇게 생각했을 겁니다. 저는 이런 작은 시도들이 시민들로 하여금 음악을 사랑하게 만드는 촉매가 된다고 생각합니다. 단원들조차 가족들에게 줄 표를 구하지 못해 발을 구를 지경이었습니다. 드디어 10월 15일 저녁이 되자 인천종합문화예술회관 대공연장은 입추의 여지 없이 시민들로 빼곡하게 들어찼습니다. 1,332석의 객석이 청중들로 가득 찬 풍경은 단원들도 처음 보는 장면이었습니다. 이날을 기점으로 제가 인천시향에 있는 동안 객석의 유료 관객 점유율은 90퍼센트를 웃돌았습니다. 우리가 청중들에게 최고의 서비스를 제공하기 위해 노력하자 청중들도 음악을 대하는 수준이나 태도가 점점 더 높아졌습니다. 더욱 기쁜 것은 이즈음부터 비로소 단원들의 얼굴에 웃음이 피어나기 시작했다는 것입니다.

"연주 시작하기 전에 옆자리에 계신 분들과 먼저 인사를 나누겠습니다. 우리가 이 자리에 비평하러 온 게 아니라 행복하려고 온 거잖아요? 자, 다들 일어나 인사를 나누실까요?"

신년 음악회 때는 연주에 앞서 청중들을 일으켜 세워 악수를 나누도록 했습니다. 다 같은 인천 시민들이니만큼 새해를 맞으며 음악을 통해 공동체 의식을 가질 수 있도록 배려한 것입니다.

몇 년이 지난 뒤 인천시향에서의 제 마지막 연주가 있었습니다.

마침 제야 음악회였습니다. 2014년 12월 31일 밤 10시 인천종합문화예술회관 대공연장은 처음 왔을 때처럼 만석이었고, 시내에 전시된 포스터에는 솔드 아웃 스티커가 붙어 있었습니다. 저는 기쁜 마음으로 푸치니 오페라 〈라 보엠〉 하이라이트와 모차르트 오페라 〈피가로의 결혼〉 중 '더 이상 날지 못하리' 등을 연주했습니다. 청중들에게 사랑받고 좋은 음악으로 그에 답례한다는 것은 언제나 가슴 뛰는 일입니다.

주는 만큼
받으려 하지 마라

인천시향과의 계약 기간이 조금
남아 있기는 했지만 저는 2014년 말에 경기도 성남시 예술 총감독
겸 시립교향악단 상임 지휘자를 맡기로 결심했습니다. 불과 4년 만
에 인천시향은 지역 사회의 사랑을 듬뿍 받는 오케스트라로 성장했
기에 좀 더 할 일이 많고 젊은 도시인 성남으로 옮기게 된 것입니
다. 12월 23일 성남시청 로비에서 위촉식을 겸해 이재명 시장과 함
께 토크 쇼를 가졌습니다. 시장은 물론 많은 시민들과 지역 문화 예
술인들이 큰 기대를 표명해줬습니다.

"오페라와 합창과 국악 등 모든 장르를 아우르고, 지역 곳곳에
음악이 골고루 퍼져 나가 시민들이 문화와 예술이 있기 때문에 이
고장에 산다는 생각을 가질 수 있게 하겠습니다."

성남시는 서울 강남과 인접한 도시로 인구가 100만 명에 육박하

는 큰 고장입니다. 저는 도시 전체를 문화 예술의 향기가 진동하고 매력이 넘치는 특별한 공동체로 만들어보고 싶었습니다.

제가 제일 먼저 선보인 프로젝트는 '금난새와 함께하는 성남 러브 뮤직 페스티벌'이었습니다. 2016년 4월 23일부터 5월 4일까지 성남시 전역에서는 다양한 문화 예술 행사들이 펼쳐졌습니다. 음악은 저녁에 듣는다는 편견을 깨기 위해 성남아트센터 오페라하우스 등에서는 오전에 '모닝 콘서트'를 가졌고, 낮에는 모란시장과 판교 유스페이스 광장, 가천대학교와 분당 중앙공원 등에서 '오픈 콘서트'를 열었으며, 저녁에는 성남아트센터 콘서트홀 등에서 다채로운 레퍼토리로 '이브닝 콘서트'를 이어갔습니다. 성남시향은 물론 시립예술단에 소속된 합창단과 국악단, 소년소녀 합창단 등이 모두 참여하는 축제였습니다. 외부 단체로는 계원예고 합창단과 챔버 오케스트라, 서울예고 현악 8중주단과 현악 오케스트라, 유니스 킴 등이 참여한 뉴욕 솔리스트 앙상블, 닉 타바니 등이 참여한 이얼러스 스트링 콰르텟, 그리고 여러 솔리스트 연주자들과 성악가, 국악기 연주자들이 흔쾌히 동참했지요. 세금을 낸 시민들을 직접 찾아가 아름다운 음악을 들려줌으로써 기쁨을 선사하고, 문화 예술을 통해 서로 소통하며 추억을 쌓은 소중한 시간이었습니다.

시민들의 반응은 대단히 호의적이었습니다. 시내 곳곳에서 원하는 시간에 맞춰 무료로 오케스트라, 콰르텟, 합창, 성악, 국악 등 풍성한 레퍼토리를 골라서 들을 수 있다는 것에 만족을 표했습니다. 아이부터 노인까지 시민들이 거리낌 없이 어울려 음악을 즐기는 모습을 보니 제 자신이 너무나 행복했답니다. 해를 더할수록 성남을 대표하는 음악 축제로 자리매김하리라 기대합니다.

이즈음 저는 유로아시안 필하모닉 오케스트라의 이름을 뉴월드 필하모닉 오케스트라로 바꾸었습니다. 유럽과 아시아를 연결하는 음악의 메신저가 되고자 했던 바람을 좀 더 확장해서 전 세계를 포괄하는 폭넓은 음악을 지향하기 위함이었지요. 하지만 어느 하나를 완전히 버리는 것이 아니라 당분간 두 가지를 상황에 맞게 응용해서 사용할 생각입니다. 또 다른 이름 속에는 더 많이 소통하고, 더 많이 찾아가며, 더 많이 나눔으로써 음악의 힘으로 우리가 살고 있는 세상을 행복이 넘치는 새로운 세상으로 만들고자 하는 제 간절한 소망이 담겨 있습니다.

세계에서 가장 부자라는 빌 게이츠는 4차 산업혁명 시대에 어떤 상상력으로 기업을 이끌어가야 하는지, 최강의 조직을 만들기 위해서는 어떤 CEO가 돼야 하는지를 몸소 보여준 데 이어 수많은 기부를 통해 자본주의 사회에서 돈을 어떻게 벌어서 어떻게 써야 하는지에 대해서도 행동으로 보여주고 있습니다. 그가 행한 수많은 연설 가운데 다음 한마디는 두고두고 제 가슴을 울리고 있습니다.

"항상 먼저 다가가고, 먼저 배려하고, 먼저 이해하십시오. 주는 만큼 받아야 한다고 생각하지 마십시오. 아낌없이 주는 나무가 돼야 합니다."

돈으로 할 수 없는 것

　　　　　　　　　　　　　"이 상은 교육을 받기 원하지만 아무도 신경 쓰지 않는 어린이와 변화를 원하지만 목소리를 낼 수 없는 어린이를 위한 것입니다. 파키스탄과 인도에서 많은 어린이가 사회적 금기 때문에 교육받을 권리를 박탈당하고 노동이나 조혼에 내몰리고 있습니다. 아프가니스탄이나 나이지리아 북부에서도 여자들이 학교에 가지 못하고 있습니다. 저는 가만히 침묵을 지키면서 죽든지, 아니면 당당하게 말하고 죽든지 선택해야 하는 상황에서 후자를 선택했습니다.

　강하다는 나라들이 평화를 가져오는 데는 왜 이렇게 약한 건가요? 총을 주는 것은 쉽게 하면서 책을 주는 것은 왜 이렇게 어려운 건가요? 탱크는 쉽게 만들면서 학교를 짓는 것은 왜 이렇게 힘든 건가요? 45년 전에 이미 달에도 갔는데, 대체 무엇이 불가능한가요? 이번 세기에 모든 어린이가 질 높은 교육을 받을 수 있도록 우리 모두 지금 바로 행동에 나서야 합니다. 저는 말랄라입니다. 저는 샤지아이고, 저는 아미나이며, 학교 밖에 내쳐진 6,600만 명의 여자아이입니다. 저는 모든 어린이가 학교에 다닐 때까지 계속해서 싸울 것입니다."

2014년 10월 10일 노르웨이 오슬로에서 열린 노벨 평화상 시상식장에 울려 퍼진 열일곱 살 소녀 말랄라 유사프자이의 외침이었습니다. 노벨상 시상식답게 정장을 갖춰 입은 많은 어른들은 작지만 커다란 소녀의 절규 앞에서 눈시울을 붉히거나 고개를 떨어뜨려야만 했습니다. 이날의 주인공은 역대 최연소 노벨상 수상자인 파키스탄 소녀 말랄라였지요. 그녀는 파키스탄의 이슬람 무장 세력인 탈레반에 맞서 여자 어린이의 동등한 교육권을 주장하다 2012년 탈레반의 보복으로 머리에 총상을 입고 죽을 고비를 넘겼습니다. 이후 그녀는 전 세계를 다니며 어떤 위협에도 모든 사람이 학교를 다니고 인권을 보장받는 세계를 만들어줄 것을 호소하고 있답니다. 노벨위원회는 평생을 아동 노동 근절에 힘쓴 인도의 카일라시 사티아르티와 함께 말랄라를 노벨 평화상 공동 수상자로 발표했습니다. 두 사람에게는 우리 돈으로 약 12억 원에 달하는 800만 크로네의 상금이 절반씩 수여됐습니다. 말랄라는 상금으로 고향에 학교를 짓겠다고 말했습니다.

저는 인터넷을 통해 말랄라의 연설을 듣고 큰 감명을 받았습니다. 내용도 충격적이었지만 나이 어린 소녀가 수많은 사람들과 카메라가 주시하고 있는 부담스럽고 어려운 자리에서 어쩌면 그렇게도 당당하고 또렷하게 자기 소신을 밝힐 수 있는지 너무 놀라웠습니다. 저는 학교에 이야기해서 모든 서울예고 학생들에게 이 연설 동영상을 보여주도록 했습니다. 이미 본 학생도 있겠지만 그렇지 않은 학생들이 훨씬 더 많을 것이라 여겼지요. 학년별로 전공별로 적절한 시간에 맞춰 강당에서 말랄라의 연설을 들은 학생들은 감동을 받은 듯 상기된 표정이었습니다.

"어떠세요? 대단하지 않나요? 이 소녀는 여러분 또래인 열일곱 살이에요. 그런데 중화기로 무장한 탈레반에 맞서 목숨을 걸고 투쟁하고 있어요. 돈 때문일까요? 명예 때문일까요? 자기 진로 때문일까요? 아니에요. 세계 모든 어린이들이 차별 없이 자유롭게 교육을 받고, 인종과 국적과 성별의 구분 없이 존엄한 존재로서 평화롭게 살 수 있는 세상을 만들기 위해서예요. 정말 멋지지 않나요? 말랄라는 작고 가녀린 소녀지만 세상에서 가장 용감한 여성이에요. 우리는 말랄라와 달리 편하고 안락한 환경 속에서 학교를 다니고 있어요. 얼마나 감사하고 행복한 일인가요? 나는 여러분이 돈, 명예, 진로, 이런 것보다는 더 크고 가치 있고 보편적인 것을 꿈꾸며, 그것에 목숨을 거는 삶을 살았으면 좋겠어요. 말랄라처럼 말이죠."

젊은이들이 취업이 어렵고, 먹고살기 힘들며, 미래가 어둡다고 아우성입니다. 집안 형편을 빗대 흙수저니 금수저니 하는 말까지 유행하고 있습니다.

하지만 어느 시대, 어떤 지역에 청년들의 미래가 온통 장밋빛인 세상이 있었던가요? 어렵고 힘들며 암울해 보이더라도 온 힘을 다해 난관을 뚫고 한 줄기 빛을 발견해내야 하는 게 청춘입니다. 인생의 황금기에 보다 큰 꿈을 위해 도전하며, 자신만의 판타지를 만들지 않고, 공무원이 되기만을 소망하고 있다면 그 사회에 무슨 미래가 있겠습니까? 말랄라에게도 있는 희망이 우리 젊은이들에게 없다는 건 말이 되지 않는다고 봅니다. 예술에도 인생에도 돈으로 할수 없는 것들은 헤아릴 수 없을 만큼 많지요.

2015년 10월 29일 깊어가는 가을 저녁 라움아트센터에서는 '볼보 챔버 뮤직 콘서트'가 열렸습니다. 볼보자동차코리아가 고객들을 초청해 개최한 음악회였습니다. 고객들을 위해 선물을 증정하거나 골프 대회를 열지 않고 음악회를 준비한 것은 대단히 신선한 시도였어요. 뉴월드 필하모닉 오케스트라는 800여 명의 참석자들 앞에서 헨델과 시벨리우스 등의 명곡을 연주했습니다. 음악회에 참석한 청중들은 '농어촌 희망 청소년 오케스트라'를 위해 후원금을 기부하는 시간을 가졌습니다. 후원금 전액은 농어촌 지역 청소년들의 음악 활동 지원비로 사용됐죠.

제가 '농어촌 희망 청소년 오케스트라Korea Young Dream Orchestra, KYDO'를 이끌기 시작한 것은 2011년부터였습니다. 어느 날 한국마 사회 산하 농어촌희망재단의 이진배 단장이 저를 찾아왔습니다. 문화 예술의 혜택을 받지 못하는 농어촌 청소년들을 위해 전국 여러 지역에서 청소년들을 모집해 연합 오케스트라를 조직했으니 지휘를 맡아달라는 것이었습니다.

저는 몸이 열 개라도 부족할 정도로 바쁜 상황이었지만 반드시 해야 할 일이라 생각했기에 그 자리에서 수락을 했습니다. 그래서 매년 초가 되면 저는 전국 20여 개 군을 다니며 농어촌 청소년 오케스트라를 지도하게 됐지요. 그리고 여름이면 각 지역에서 선발된 200여 명의 키도KYDO 단원들과 4박 5일 동안 합숙 훈련을 한 뒤 세종문화회관에서 발표회를 했답니다. 이들에게 1년에 한 번씩 하는 세종문화회관 공연은 평생 잊을 수 없는 감격스러운 경험이 될 것입니다.

광복 70주년이 되는 2015년 8월 13일에는 장소를 바꿔 예술의 전당 콘서트홀에서 합동 연주회를 가졌습니다. 전국 25개 농어촌 지역과 미국, 중국, 러시아 등 해외에서 선발된 청소년 단원 150여 명을 위시해 '한국 대학생 연합 오케스트라Korea United College Orchestra, KUCO' 30여 명, 뉴월드 필하모닉 오케스트라 30여 명 등으로 오케스트라를 구성했습니다. 한국의 젊은이들이 세계를 향해 웅지의 날개를 펼치라는 뜻에서 드보르자크 교향곡 9번 〈신세계로부터〉를 비롯해 우리 가곡인 〈동심초〉, 〈그리운 금강산〉, 〈아리랑〉 등 총 세 곡으로 구성된 이성환 편곡의 〈얼의 무궁〉을 연주했습니다. 웅장한 선율을 타고 〈얼의 무궁〉이 장엄하게 연주될 때는 객석을 가득 메운 청중들이 일순 숙연해지면서 눈물을 훔치는 사람도 있었습니다.

이날 연주회에 앞서 합숙을 하면서 농어촌 청소년들을 지도한 선생님들은 다름 아닌 쿠코KUCO 단원들이었답니다. 한국 대학생 연합 오케스트라인 쿠코가 탄생하게 된 것은 2010년 봄이었지요. 음악을 전공하지 않은 대학생들이 모여 아마추어 오케스트라 활동을 하던 중 두 명의 학생이 연합 오케스트라를 만들어 연주회를 가질 계획을 세운 것입니다. 그들은 여러 학교에 연락해 의사를 타진하는 동시에 제게 지휘를 맡아달라는 이메일을 보내왔습니다. 이메일을 보는 순간 친구들을 찾아다니며 통사정을 하면서 '서울 영 앙상블'을 만들던 대학 시절이 떠올랐습니다. 저는 두 대학생을 만나 격려하면서 지휘를 맡을 테니 용기를 내서 시작해보자고 말했습니다.

그렇게 출발한 쿠코는 처음에는 수도권 지역 대학생들이 주축이었지만 지금은 전국 25개 대학에서 60여 개가 넘는 저마다 다른 전공의 학생들이 모여 연습을 거듭하고 있습니다. 2011년 예술의전당에서 창단 연주회를 가진 이후 음악을 전공하는 학생들 이상의 열정을 보이며 해마다 정기 연주회를 이어가는 중이랍니다. 그런

쿠코 학생들이 키도 단원들을 지도하는 모습을 보면서 저는 흥분을 감추지 못했어요. 음악을 통해 조화와 일치를 몸에 익힌 젊은이들이 10년, 20년 뒤 각 분야의 창조적 리더가 되어 만들어갈 대한민국의 미래가 너무나 궁금했기 때문입니다.

비행기의 퍼스트 클래스 좌석을 돈으로 살 수 있습니다. 그러나 퍼스트 클래스에 어울리는 높은 교양과 성숙한 정신은 돈으로 살 수 없습니다. 저는 여행할 때 자주 이코노미석을 이용하지만 그것 때문에 저와 제 음악의 품위가 떨어진다고 생각하지 않습니다. 나의 가치는 남에 의해 정해지지 않습니다. 내가 어디에 있든 최선을 다해 노력하며 열심히 사는 것이 가장 중요하다고 생각합니다.

음악, 사회와 함께
호흡하는 일

2015년 11월 4일 저녁 서울 서초동 예술의전당 콘서트홀. 1층 로비는 한경 필하모닉 오케스트라 창단 연주회를 보기 위해 모여드는 청중들로 북적였습니다. 드디어 8시, 무대 위로 오른 저는 지휘봉을 들어 올렸습니다. 라흐마니노프의 '피아노 협주곡 2번'이 울려 퍼졌지요. 유영욱 연세대 교수가 피아노 협연을 맡았습니다. 그는 앙코르 곡으로 쇼팽의 〈즉흥 환상곡〉을 연주해 갈채를 받았답니다. 이어 브람스 '교향곡 1번'이 연주됐죠. 촘촘한 구조와 치밀한 전개를 절제된 선율로 조율하며 브람스 특유의 감성을 이끌어냈습니다. 모두 작곡가의 고뇌와 희망의 메시지가 애잔하게 녹아 있는 작품이었습니다. 홀은 뜨거운 박수와 넘치는 감동으로 후끈거렸어요. 청중 2,000여 명 대부분이 기립해 환호를 보냈지요. 저는 객석을 향해 허리 숙여

답례했습니다.

"하루는 한국경제신문사 김기웅 사장님께서 오케스트라를 만들고 싶은데 도와줄 수 있겠냐고 하시더군요. 저는 스포츠 팀이 아니고 왜 하필 오케스트라냐고 물었지요. 웃으시더군요. 예산이 풍부하지는 않았지만 클래식 음악계를 활성화하고 싶다는 제안을 거절할 수가 없었답니다. 문화 예술에 목말라 있는 청중들과 재능 있는 연주자들을 위해 예술 분야에는 반드시 시장이 있어야 합니다. 한국경제신문사는 누구보다 시장을 잘 아는 전문가들이 모인 언론사 아닙니까? 그래서 한경 필하모닉 오케스트라가 잘되리라 생각했습니다. 더군다나 스포츠 팀이 아니라 오케스트라를 만들자고 하니까 마음 변하기 전에 얼른 수락했습니다."

공연이 끝난 뒤 다시 로비로 나온 청중들의 얼굴은 상기돼 있었습니다. 감동과 열정의 도가니였던 브람스와 라흐마니노프의 아름다운 선율 때문만은 아니었어요. 민간 기업이자 언론사인 한국경제신문사에서 이렇게 훌륭한 오케스트라를 만들어 성공적인 첫 무대를 선보인 데 대한 놀람과 설렘의 의미이기도 했죠. 대다수 기업들은 문화 예술에 일정한 후원은 할망정 직접 오케스트라를 만드는 데는 난색을 표합니다. 그러면서도 축구나 야구, 농구 등 인기 스포츠 팀은 직접 운영을 합니다. 홍보도 되고 수익도 올릴 수 있기 때문이에요. 그런 면에서 한국경제신문사가 자발적으로 오케스트라를 창단한 것은 역사적인 일이라 하지 않을 수 없습니다.

"'마누라와 자식만 빼고 다 바꾸라'고 했던 이건희 삼성그룹 회장처럼 '창의성'을 핵심 가치로 삼는 오케스트라로 꾸려나가겠습니다. 그러려면 단원 모두가 기존 틀에서 벗어나 '크리에이티브'를 실현하기 위해 많은 것을 바꿔야 합니다. 남이 가지 않은 길을 가는 것은 두려울 수 있지만, 누구도 마시지 않았던 신선한 공기를 들이켤 수 있는 길이기도 합니다."

두 차례 공개 오디션을 통해 선발한 창립 단원들과의 만남에서 제가 당부했던 말입니다.

2016년 2월 4일 저녁 독일 베를린의 카이저 빌헬름 기념 교회에서는 한경 필하모닉 오케스트라의 현악 연주자 열한 명으로 구성된 '한경신포니에타'가 첫 해외 공연을 가졌습니다. 독일로 유입된 난민을 돕기 위한 자선 음악회였습니다.

카이저 빌헬름 기념 교회는 평화와 화합을 상징하는 유서 깊은 곳으로 제2차 세계대전의 참혹함을 기억하자는 뜻에서 폭격을 받아 파괴된 교회 건물을 그대로 보존한 채 옆에 육각형 교회를 새로 지었습니다. 그곳에서 우리는 그리그의 〈홀베르그 모음곡〉 중 '전주곡'과 '사라방드'와 '리고동', 비발디 바이올린 협주곡 〈사계〉 중 '여름'과 '겨울', 엘가의 〈서주와 알레그로〉, 브리튼의 〈현악 오케스트라를 위한 심플 심포니〉 등 잘 알려진 현악 합주곡들을 연주했지요. 현장에서 모금한 기금은 독일 난민 지원 단체에 기부했고요.

다음 날인 5일에는 베를린의 커뮤니케이션박물관에서 열리는 '월드 머니 페어 2016'의 문화 행사로 갈라 디너 콘서트를 열었습니다. 45회째를 맞는 월드 머니 페어는 세계 각국의 조폐 기관들이 참가하는 금융 박람회입니다. 한국의 젊은 음악인들이 연주할 때마다 현지의 반응은 열렬했습니다.

2016년 6월 말부터 7월 초까지는 러시아 사할린에 가서 연주회를 하고 돌아왔습니다. 광복 71주년을 맞아 한인 동포들에게 조국에 대한 자부심과 긍지를 심어주기 위한 목적이었지요. 광복 71주년을 상징하는 의미로 오케스트라는 한국에서 35명, 사할린에서 35명으로 구성해 저까지 포함하면 모두 71명이 되도록 했습니다. 한국에서 선발된 인원은 키도 소속 학생들과 뉴월드 필하모닉 오케스트라의 단원들이었습니다. 키도 학생들은 설레는 마음을 감추지 못했습니다.

첫 번째 공연은 네벨스크시 문화회관에서 열렸어요. 러시아 인명사전에도 나오는 한인 3세 박 블라디미르 시장이 시정을 이끌어가는 도시였습니다. 저는 압도적이고 시원한 현악의 울림이 강조된 차이콥스키의 〈세레나데〉를 연주했습니다. 이어 유즈노사할린스크시립오케스트라와의 협연으로 사할린 동포들에게 친숙한 아람 하차투리안의 왈츠와 바실리 솔로비요프 세드이의 〈모스크바의 밤〉, 그리고 우리에게 익숙한 러시아 민요 〈백만 송이 장미〉 등을 연주했습니다.

두 번째 공연은 항구 도시인 코르샤코프시에 있는 망향의 동산에서 펼쳐졌습니다. 일제강점기 때 이곳으로 끌려온 한인 동포들은 시간이 날 때마다 이 언덕에 올라 먼 바다를 내다보며 남쪽에 있는 고향을 그리워했다고 합니다. 훗날 사람들은 이곳을 망향의 동산이라 부르며 눈물로 세월을 보낸 것을 기리는 기념비를 세웠죠. 우리는 한 많은 세월을 보낸 조상들에 대해 묵념을 한 뒤 주변 청소를 하고 나서 망향을 위로하는 야외 음악회를 열었습니다. 키도 단원들은 우리나라를 대표하는 가곡인 〈아리랑〉을 연주해 동포들의 그리움과 한을 씻어줬답니다.

마지막 무대는 유즈노사할린스크시에 있는 비즈니스 센터에서 열렸습니다. 이곳은 한인 동포들이 가장 많이 사는 지역으로 사할린의 정치와 경제와 문화 중심지이기도 했지요. 우리와 함께 사할린 시립오케스트라와 청소년 예술학교 오케스트라가 아름다운 하모니를 만들어냈습니다.

러시아 사할린은 1940년대 일본에 의해 징용으로 끌려간 한인 동포들이 살고 있는 곳으로 한국을 제외하면 지구상에서 한인 밀집

도가 가장 높은 지역입니다. 강제 징용된 한인의 수는 4만 3,000명에 달하는데, 이 가운데 상당수는 혹독한 강제 노역에 시달리다 사망했거나, 1945년 일본의 패전 이후 고국에 돌아가지 못한 채 생을 마감했습니다.

현재는 한인 1세와 그 후손 등 5만여 명의 교민들이 살고 있지요. 이런 역사의 현장을 우리 젊은이들로 구성된 오케스트라가 찾아가 음악을 통해 세월의 아픔을 치유하고, 민족의 동질성을 회복하며, 한민족의 밝은 미래를 희망하는 연주를 하고 돌아왔다는 것은 큰 의미가 있는 일이었습니다.

슈퍼옥수수를 개발한 국제옥수수재단 이사장 김순원 박사는 이런 말을 한 적이 있습니다.

"이 세상에 무엇을 하러 왔는지 생각해야 합니다. 그 소명은 자기 자신만을 생각해서는 발견할 수 없습니다. 사람은 자연의 일부입니다. 있는 사람이 없는 사람을 도와주고 함께 살아가는 것은 자연의 섭리입니다. 나로 인해 세상이 좀 더 좋아질 수 있다는 것, 최선을 다하되 나를 위해서가 아니라 남을 위해서 하는 것, 참으로 흥미진진하지 않습니까?"

이런 사람들에 의해 세상은 조금씩 발전하고 변화하는 겁니다. 마찬가지로 저는 음악도 항상 인간을 위한 것이어야 한다고 생각합니다. 인간을 위로하고, 아름답게 하며, 행복하게 만드는 게 음악이지요. 그래서 음악은 늘 사회와 함께 호흡해야 하는 것입니다. 음악가로서 추구해야 할 목표는 양질의 연주를 들려주는 것은 물론 변함없이 사회의 목소리에 귀 기울이는 일입니다.

에필로그

아직도 해야 할 일이 너무 많습니다

SBS TV에서 일주일에 한 차례씩 방영되는 〈영재 발굴단〉이라는 프로그램이 있습니다. 우리 주변에 숨어 있는 영재를 발굴하고 육성하자는 취지에서 만들어진 프로그램입니다. 지난해 연말 우연히 이 방송을 시청했습니다. 충북 단양에 사는 소년 피아니스트 배용준 군에 관한 이야기가 소개됐습니다.

올해 열한 살인 배용준 군은 타고난 피아노 영재입니다. 가정 형편이 어려워 체계적인 음악 교육을 받을 수 없음에도 불구하고 틈만 나면 피아노 앞에 앉아 연습을 거듭한 결과 서울뮤직청소년교육회에서 주최한 음악 콩쿠르에서 대상을 수상할 만큼 탄탄한 실력을 갖추고 있었습니다. 엄마 노영미 씨는 몸이 아파 대부분 시간을 누워서 지내더군요. 하행결장암 3기인 그녀는 1년을 넘기기 힘들다는 의사의 진단을 받았습니다.

하루는 엄마가 용준이 두 손을 꼭 붙잡고 두 눈을 바라보며 이야기했습니다.

"엄마가 진지하게…… 정말 진지하게 물어볼 게 있는데…… 다른 집에 가서 살래?"

아들이 남다른 재능을 타고났지만 이를 제대로 뒷바라지해줄 수 없었던 엄마는 아이를 부잣집에 입양 보내려 한 것입니다. 게다가 자신은 병들어 얼마 뒤면 아들 곁을 떠나야 하니 아이의 장래를 생각해서 고민 끝에 내린 결정이었습니다. 제 배 속으로 낳은 재주 많고 잘생기고 효심 깊은 아들을 다른 집에 보내야겠다고 결심한 엄마의 마음이 오죽했겠습니까?

"가면 바로 죽는다. 엄마랑 떨어지니까…… 엄마는 백만 불짜리야. 날 사랑해주니까."

엄마와 아들은 와락 껴안고 한참을 울었습니다. 덕분에 저도 참많이 울었답니다. 용준이가 피아노 앞에 앉아 연주를 하면 누워 있던 엄마가 슬그머니 일어나 아들을 쳐다봅니다.

"용준이 음악 소리를 듣고 있으면 엄마는 통증이 없어져……."

용준이 역시 엄마의 바람에 응답합니다.

"엄마를 생각하면 힘들지 않아요."

저는 용준이를 만나보고 싶었습니다. 그래서 올 1월 초 용준이를 성남시향으로 초대했습니다. 불편한 몸을 이끌고 엄마도 같이 오셨더라고요. 오페라 연습실에서 오케스트라가 연습하는 광경을 볼 수 있게 해주었습니다. 굉장히 신기해하더군요. 이야기를 나눠보니 무척 명랑하고 영특한 소년이었습니다. 저는 용준이를 위해 교수님 한 분으로부터 재능 기부를 받아 일주일에 한 번씩 레슨을 받게 해

주었습니다. 앞으로도 용준이가 어떻게 성장하는지 관심 있게 지켜
보기로 했습니다. 열한 살밖에 안 된 용준이의 말이 무척 인상적이
었습니다.

"사람들이 제 연주를 듣고 마음이 따뜻해졌으면 좋겠습니다."

용준이의 마음이 바로 제 마음입니다. 음악을 통해 이 세상이
좀 더 밝고 맑고 따뜻하게 변화됐으면 하는 마음 말입니다. 저는
용준이처럼 재능과 관심은 있지만 형편이나 여건이 되지 않아 음
악을 접하지 못하고 교육을 받을 수 없는 아이들이 전국에 꽤 많
을 거라고 생각합니다. 그런 아이들을 모아 가르치는 일명 '금난
새 아카데미' 같은 걸 만드는 게 제 꿈 중 하나입니다. 농어촌 지
방을 다니다 보면 곳곳에 폐교들이 많습니다. 이런 폐교들을 새롭
게 꾸며서 인근 지역 어린이들과 청소년들, 그리고 어른들까지 참
여하는 주민 모두를 위한 공간으로 만드는 것이죠. 교육과 문화의
모든 혜택들이 수도권에만 집중돼 있는 것은 큰 문제입니다. 소외
되고 낙후된 고장에 사는 사람들도 이런 공간만 만들어진다면 많
은 혜택을 볼 수 있을 겁니다. 제게 이런 일을 실현할 경제적 능력

은 없지만 음악의 소프트웨어를 만들어 공급하는 일에는 발 벗고 나설 의지가 있습니다. 이러한 꿈이 이루어질 수만 있다면 용준이 같은 아이가 혼자 기차를 타고 서울까지 와서 레슨을 받을 필요도 없게 되겠지요.

지난해 10월 한국을 방문한 미국 콜번스쿨의 오리 시호 학장을 만나 나눈 대화입니다.

"서울예고 학생들의 실력이 대단하다고 들었는데, 우리 학교 학생들과 양국을 오가며 연주 교류를 이어가면 어떨까요? 교장 선생님만 좋으시다면 한번 추진해보고 싶습니다."

"아, 그거 정말 좋은 아이디어군요. 좋습니다. 먼저 저희를 초청해주십시오."

이렇게 해서 두 학교의 연주 교류가 일사천리로 진행됐습니다. 콜번스쿨은 로스앤젤레스 시내 월트 디즈니 홀 맞은편에 위치한 세계적인 예술 학교로 대학 과정과 고등학교 과정, 그리고 비전공 일반인을 위한 과정이 운영되고 있습니다. 1950년에 개교한 이래 학생 모두에게 전액 장학금을 지급하고 있는 이 학교에는 한국인 유학생들도 적잖이 재학 중입니다.

2017년 2월 서울예고 학생들은 콜번스쿨을 방문해 모두 세 차례

합동 연주를 했습니다. 14일 저녁에는 콜번스쿨 타이어 홀에서, 16일 저녁에는 LA 한인 타운에 있는 윌셔 연합 감리교회에서, 17일 저녁에는 콜번스쿨 지퍼 홀에서 공연을 가졌습니다. 저의 지휘로 두 학교의 챔버 그룹과 오케스트라, 챔버 오케스트라가 함께 조인트 콘서트를 한 것인데, 처음 호흡을 맞췄다는 게 믿기지 않을 정도로 청중들에게 만족스러운 하모니를 선사했습니다.

콜번스쿨과의 이번 첫 교류 연주단은 2학년 학생 18명을 중심으로 해서 구성됐습니다. 학생들도 외국의 유명 예술 학교에서 자신들의 연주를 듣기 위해 초청했다는 사실에 고무된 듯했습니다. 저는 이 같은 기회를 통해 학생들이 단순한 연주자나 음악가 차원을 뛰어넘어 이 사회의 양식 있는 리더들로 성장해나가기를 기대합니다. 예술은 사람과 사람을 연결해주는 매개체입니다. 보다 많은 사람들과 다양한 교류를 가짐으로써 문화 예술을 통해 내가 이 사회와 국가를 위해 무엇을 할 것인지를 고민하면서 배워나가는 것이죠.

저는 어린 학생들이 부모가 시키는 대로 음악을 하거나 성공을 위해 무작정 달려가는 사람이 되지 말고, 스스로 '내가 왜 예술을 하는가?'라는 질문을 던지면서 자신만의 가치와 신념을 가진 사람이 되기를 바랍니다. 제가 젊은 학생들을 수시로 무대에 세우고, 세계 각국 음악가들과 적극적으로 교류하도록 독려하는 까닭이 여기에 있습니다. 끊임없이 시대와 호흡하고 사회와 소통해야만 변화를 이끄는 예술가가 될 수 있기 때문입니다. 음악으로 명성을 얻고 돈을 버는 사람은 많을지라도 아픔과 상처를 치유하고 희망과 대안을 제시하는 사람은 많지 않습니다. 명성을 얻고 돈을 번 사람은 곧 잊히지만 아픔과 상처를 치유하고 희망과 대안을 제시한 사람은 영원히 사람들 가슴속에 살아 있을 겁니다.

얼마 뒤인 7월 14일 저녁에는 서울예고 학생들과 함께 일본으로 건너가 도쿄음악대학 100주년기념관에서 오케스트라 합동 공연을 펼쳤습니다. 도쿄음악대학은 1907년에 개교한 학교로 일본 사립음대 가운데 역사가 가장 긴 대학입니다. 이런 유서 깊은 대학에서 서울예고 학생 20명이 합동 연주회를 가졌다는 건 큰 의미가 있는 일이었습니다. 이번 공연 역시 도쿄음악대학 측이 먼저 제안해서 이루어진 일입니다. 한일경제협회에서는 서울예고 학생들을 위해 기꺼이 항공요금을 후원해주었습니다. 한일경제협회장인 김윤 삼양홀딩스 회장은 직접 연주회장을 방문해 공연을 관람하고 만찬을 베풀며 일일이 학생들을 격려했습니다.

첫 번째로 연주한 곡은 작곡가 이호준의 '현을 위한 아다지오 &

알레그로'였습니다. 앞부분에 우리의 '아리랑'과 일본과 중국의 민요 멜로디가 나오는 이 곡은 10여 년 전 한·중·일 장관 포럼 연주를 위해 작곡을 의뢰해 만들어진 곡입니다. 동아시아 국가들의 우정과 평화에 대한 염원을 담은 곡이지요. 이밖에 오케스트라는 레스피기의 '고풍스런 아리아와 무곡 모음곡 3번', 비발디의 '두 대의 바이올린과 현을 위한 협주곡', 벤저민 브리튼의 '심플 심포니' 등을 차례로 연주해 한국과 일본의 청중들을 흠뻑 매료시켰습니다. 특히 비발디의 곡을 연주할 때는 서울예고 박지영 학생과 도쿄음악대학 리사 호카무라 학생이 협연을 했습니다. 음악을 통해 양국 간에 다리를 놓겠다는 뜻을 담은 협연이었습니다.

마침 연주회 전 한 신문사 기자가 찾아 왔기에 저는 제 원대한 포부를 들려주었습니다.

"한국은 정치적, 역사적 문제 때문에 일본과 존경심을 나누지 않습니다. 알고 보면 서로 배울 점이 많은데도 말이죠. 음악은 두 나라가 존중하는 마음을 가질 수 있게 해줄 거라고 생각합니다. 클래식 음악 분야에서 한국은 솔로에 강하지만 앙상블에는 약해요. 반대로 일본은 오케스트라에 강합니다. 교류를 통해 서로 많은 것을 배울 수 있을 겁니다. 제 다음 목표는 한·중·일 세 나라의 오케스트라가 함께 무대에 서는 일입니다. 이미 '아시안 뮤직 다이알로그 AMD'라는 오케스트라 이름까지 만들어 두었답니다. 음악은 오랜 세월 동안 미묘한 관계로 거리가 멀어진 세 나라 사이에 윤활유 역할을 하게 될 거라고 믿습니다."

삶의 현장 곳곳에서 자연스럽게 클래식 음악을 접할 수 있도록 저변을 확대하고, 낙후된 지역의 소외된 사람들을 찾아가 문화의 향기와 음악의 소프트웨어를 전달하며, 시대와 사회의 변화를 주도적으로 이끌어나갈 예술가를 배출하는 일과 더불어 제게 주어진 또 하나의 과제가 있다면 그것은 전 세계에 흩어져 사는 해외 동포들을 음악으로 한데 묶는 것입니다. 유대인들만 디아스포라가 있는 게 아닙니다.

한민족도 구한말과 대한제국, 그리고 일제강점기와 6·25 전쟁 시기를 거치며 본의 아니게 고향 산천과 조국 땅을 등지고 해외로 끌려가거나 이주해 살게 된 사람들이 많습니다. 현지에서 온갖 차별과 냉대에도 불구하고 특유의 끈기와 부지런함으로 황무지를 옥토로 일구며 모여 살던 이들은 해방이 됐지만 사정상 고향과 조국으로 돌아오지 못하고 삶의 터전인 외국에서 대를 이어 살고 있는 동포들입니다. 이들의 한을 위로하고 사무치는 그리움을 달래주는

데 음악만한 게 없습니다. 특히 〈그네〉, 〈고향의 봄〉, 〈가고파〉 등의 가곡이나 〈애국가〉를 연주하면 음악회장은 울음바다가 되곤 합니다. 그러면서 오랜 세월이 흘러도 지워지지 않는 진한 동포애를 느끼게 되는 것이지요.

재외동포재단은 재외 동포들의 민족적 유대감 조성과 거주국에서의 지위 향상을 위해 설립된 외교부 산하 비영리 법인입니다. 저는 이 재단과 협력해서 해외 각국에 있는 동포들을 위해 계속 음악회를 개최할 생각입니다.

재단에 따르면, 현재 전 세계 한인 디아스포라의 수는 약 720만 명에 달한다고 합니다. 이는 부산시와 인천시의 인구를 합한 것보다 많은 숫자입니다. 정부에서 아무리 대한민국에 관한 홍보를 잘한다고 해도 현지에 살고 있는 재외 동포들의 영향력에는 미치지 못할 겁니다.

이들이 조국을 사랑하는 마음을 가지고 최선을 다해 모범적으로 살아간다면 대한민국의 위상은 저절로 올라가게 되리라 생각합니다. 그래서 저는 틈나는 대로 한경 필하모닉 오케스트라나 뉴월드 필하모닉 오케스트라 등과 함께 세계 각지를 돌아다닐 계획을 세우고 있습니다. 이 또한 세상을 바꾸는 작은 발걸음입니다.

이런 일을 더 열심히 하라는 의미였을까요? 얼마 전인 7월 24일 저는 주한 슬로바키아 밀란 라이치악 대사로부터 슬로바키아 명예 총영사 인가증을 전달받았습니다. 2년 전 슬로바키아 부총리가 한국에 왔을 때 양국의 문화 교류에 대해 논의한 뒤 나름대로 노력을 기울여온 데 대한 평가를 받은 것입니다. 문화는 이렇듯 국경이 없습니다. 음악으로 사람들 마음을 하나로 엮는다면 남북이 하나가 되고, 한민족이 하나가 되고, 동아시아가 하나가 되고, 동양과 서양이 벽을 허물 수 있다는 이야기입니다. 문화가 해야 할 일이 바로 이런 것입니다.

저는 음악이 가진 힘에 많은 기대를 걸고 있습니다. 음악으로 세상이 조금씩 아름답게 변화될 수 있다고 생각합니다. 앞으로도 저는 음악으로 세상을 바꿔 나가는 일에 주저 없이 제 자신을 걸 겁니다. 물론 세상을 바꾸기 위해서는 아직도 해야 할 일이 너무 많다는 걸 잘 알고 있습니다.

그래서 저는 매일 아침 거울을 보면서 스스로에게 이렇게 외치곤 합니다.

"파이팅하세요!"

CEO 금난새

제1판 1쇄 인쇄 | 2017년 8월 11일
제1판 1쇄 발행 | 2017년 8월 18일

지은이 | 금난새
펴낸이 | 한경준
펴낸곳 | 한국경제신문 한경BP
편집주간 | 전준석
책임편집 | 박영경
기획 | 유승준
교정교열 | 한지연
저작권 / 기획 | 백상아 · 유능한
홍보 | 남영란 · 조아라
마케팅 | 배한일 · 김규형
디자인 | 김홍신
본문디자인 | 디자인현

주소 | 서울특별시 중구 청파로 463
기획출판팀 | 02-3604-553~6
영업마케팅팀 | 02-3604-595, 583 FAX | 02-3604-599
H | http://bp.hankyung.com E | bp@hankyung.com
T | @hankbp F | www.facebook.com/hankyungbp
등록 | 제 2-315(1967. 5. 15)

ISBN 978-89-475-4243-2   03320